LES

Artistes de l'Église

L. LE LEU

La Semence

SANGLANTE

LA
SEMENCE SANGLANTE

N° 5 des Fastes de l'Eglise

Néron illuminait ses jardins avec des torches humaines, dont les chrétiens,
enduits de soufre et de poix, faisaient les horribles frais. (P. 13.)

LA
SEMENCE
sanglante

PAR

L. Le Leu

> Le sang des martyrs est une semence
> de chrétiens.
> TERTULLIEN, Apol., C. L.

H. & L. CASTERMAN
ÉDITEURS PONTIFICAUX

Paris, Rue Bonaparte, 66 — Tournai (Belgique)

SOMMAIRE HISTORIQUE DU VOLUME

La première persécution générale, sous Néron. — Les cimetières, origine des. Catacombes. — Le culte dans les églises souterraines de Rome, au premier siècle. — Les martyrs de la première persécution. — Vindex fomente la révolte en Gaule contre Néron. — Il offre la couronne à Galba. — Suicide de Néron. — Aquilas et Priscille, martyrs à Rome ; Ursinien et Vital à Ravenne ; Gervais, Protais et Valérie, leur mère, à Milan ; Saturnin à Toulouse (de l'an 66 à 69). — La paix.

LA
Semence Sanglante

PREMIÈRE PARTIE

I

LE VAUTOUR ET LA COLOMBE.

— Eh! salut! Apellès, bonne rencontre! où courez-vous
de ce pas si pressé, soupez-vous donc, ce soir, chez Lucullus?
Il y a plusieurs lustres qu'on ne vous a vu!

Celui qui parlait ainsi était un jeune homme de carrure
athlétique, mais assez mal bâti et de tournure déhanchée et
gauche. Son visage, en outre, ne le recommandait pas; le
front bas sur lequel empiétaient des cheveux ras, mais
plantés drus et poussant rudes, ses sourcils noirs, épais et
joints, ombrageant des yeux sombres en trous de vrille,
perçants et inquisiteurs, son nez épaté, sa bouche aux lèvres
épaisses, son menton glabre empreint de tenacité, son teint
bilieux et jaune suffisaient amplement pour porter la défiance
dans l'esprit de ceux qui le rencontraient. Il était vêtu d'une
tunique et d'un pallium porté sans grâce et sans noblesse.

Comme il traversait le Forum, il avait aperçu le jeune grec[1]

(1) Il a été parlé de cet Apellès dans le volume précédent.

qui le traversait, lui aussi, paraissant se diriger vers le Transtévère, d'un pas hâtif.

— Salut, Vultur, répondit Apellès, un peu surpris de cette rencontre. On se retrouve comme on peut quand on ne se cherche pas.

— Ma rencontre vous serait-elle désagréable?

— Nullement, je réponds à votre exclamation en vous expliquant comment, le plus naturellement du monde, on peut être des « lustres » sans se voir, comme vous le dites. Vous ai-je paru pressé? Je ne le suis pas du tout. Quant à souper, ce soir, chez Lucullus, c'est une plaisanterie sans importance de votre part, vous savez que je ne soupe chez personne. Depuis longtemps, je me suis assagi et presque retiré du monde; le souci de mes affaires et l'étude partagent tout mon temps au point que les plaisirs de Rome n'ont aucun attrait pour moi.

— Je gage que votre dessein est de quitter Rome et de retourner en Grèce?

— Peut être, si quelques intérêts dont je dois me soucier ne me faisaient hésiter à accomplir ce long voyage qui m'en éloignerait, certainement, pour longtemps. Mais cette considération ne m'arrêtera, sans doute, pas toujours; ces intérêts périclitent et je les considère comme sérieusement compromis.

— Je connais vos affaires, peut être mieux que vous-même, Apellès, et suis à même de vous en donner des nouvelles.

Le jeune grec regarda son interlocuteur avec une surprise mêlée de défiance.

— Devinez comment je puis être à même de vous tenir ce langage.

— Mon cher Vultur, si vous êtes un sphinx, voilà assurément une énigme qui est aussi obscure pour moi que celle de la route de Thèbes. Expliquez-vous, je vous prie.

— On voit que vous ne fréquentez guère les basiliques

du Forum et que vous négligez trop le monde des banquiers.

— En effet.

— Sans cela, une partie de l'énigme vous serait dévoilée et vous devineriez le reste. Vous avez placé une somme importante, à votre arrivée à Rome, entre les mains du banquier Diomède.

— C'est vrai.

— Diomède devait placer, à son tour, cette somme dans un certain commerce d'étoffes et de bois que fait le marchand Tyrœnion, sur mer, avec plusieurs galères.

— J'en conviens.

— Le bruit a couru que plusieurs des vaissaux de Tyrœnion avaient été pris par les pirates et que Tyrœnion, ruiné, ne pourrait rembourser le capital ni payer l'intérêt des sommes qui lui avaient été confiées. Or, je sais de bonne source que ces nouvelles étaient erronées; loin d'avoir subi des pertes, Tyrœnion, au contraire, a fait d'excellentes affaires, il a doublé la valeur de son commerce et tous ses associés seront richés du partage de ses profits.

A cette nouvelle, Apellès ne manifesta aucune exubérance de joie. Il la reçut d'un air tranquille et se borna à dire :

— Je ne m'explique pas comment vous êtes instruit de ces choses, Vultur.

— D'une façon bien simple; comment voudriez-vous que je pusse savoir cela, si je n'étais pas un des secrétaires de Diomède. Mais, je sais tant de choses! ajouta-t-il, avec une certaine malice sous laquelle la méchanceté semblait poindre.

Et, d'un ton indifférent, en apparence, il ajouta :

— En effet, vous ne prenez pas le chemin de la maison de Lucullus, vous tournez le dos aux Esquilies, au Viminal, au Vicus patricius, au Palatin lui-même, vous ne vous dirigez pas du côté d'Ostie, j'imagine? Tout le monde sait que, si les juifs remplissent le Transtévère, les nazaréens ont des repaires de ce côté. Ils en ont ailleurs aussi, sans doute.

Ne trouvez-vous pas que l'on fait bien de traquer ces misérables qui ont mis le feu à Rome, sont des sorciers malfaisants, se livrent à tous les crimes en l'honneur d'une tête d'âne[1] et sont les ennemis des divins empereurs et du genre humain tout entier ?

— Puis-je vous répondre, dit Apellès, fuyant ce terrain brûlant, si j'ignore tout à fait ce que sont ceux que vous paraissez tant haïr ?

Cette réponse évasive et ambigüe ne faisait pas, apparemment, le compte de Vultur et il insista avec méchanceté :

— Les connaissez-vous si peu ? qui ne les connaît ? J'aurais cru que vous n'étiez pas éloigné de leur accorder vos sympathies. Mais, bon ! j'aurai vu double, sans doute, car, par Castor et Pollux ! je gagerais vous avoir rencontré plusieurs fois, vous entretenant amicalement avec l'un de ces nazaréens. Prenez garde, ces sympathies ont du danger, par le temps qui court, surtout... appuya Vultur, avec une certaine fortune que guette la confiscation, en cas de condamnation capitale. Or, vous savez que Néron aime beaucoup l'argent de ses sujets et qu'il y a toujours des délateurs prêts à convoiter une part de la même proie, sous couleur de servir le prince et la justice.

Apellès, devant cet aveu cynique, se contenta de fixer l'astucieux comptable avec des yeux calmes, sans colère et sans étonnement.

— Prenez mes paroles pour ce qu'elles valent, c'est-à-dire pour un bon conseil, conclut Vultur, en riant. Bon ! quand vous donneriez à un ami trop instruit, une petite part

---

(1) Nous avons expliqué déjà cette calomnie de « *la tête d'âne* » dans un volume précédent. Une des plus absurdes accusations qui couraient à Rome contre les chrétiens était d'adorer une tête d'âne. On trouve dans les ouvrages des savants Bosio, Rossi et autres, la gravure qui représente, en effet, un graphite ou caricature de muraille ou de corps de garde, sur laquelle on voit, grossièrement tracée, la crucifixion d'un âne entouré d'adorateurs figurant les chrétiens.

d'argent, pour l'empêcher de parler, ou, tout au moins, pour reconnaître sa discrétion, ce ne serait que prudence et bonne administration. Si, toutefois, vous connaissiez quelqu'un qui vous voulût quelque mal, se hâta-t-il d'ajouter. Mais, vous n'êtes pas dans ce cas, peut être? Adieu, venez me voir à la basilique, un matin, ou faites-moi demander chez Diomède, je soignerai vos intérêts. Mes affaires m'appellent à l'opposé de vos pas. Très heureux de vous avoir rencontré, Apellès.

Assujettissant l'agrafe de son pallium, après avoir jeté un regard sur la bourse, le style et les tablettes qui étaient suspendus à sa ceinture, Vultur fit un geste de congé, et, quittant Apellès, tourna ses pas dans la direction de la Suburre. Un instant, le jeune grec le suivit des yeux, afin de s'assurer de la route qu'il prenait, et, quand il l'eut perdu de vue, au détour d'un arc de triomphe, alors, seulement, sûr — il le croyait, du moins — de ne pas être épié, il reprit sa marche, vers le Transtévère, en murmurant à voix basse :

— Vultur![1] quel nom digne du visage qui le porte! Scribe de Diomède? Soit, mais, à coup sûr, il est tout autre chose en même temps. Cet homme est un ennemi et un ennemi sûr de sa proie! Que Jésus-Christ Notre-Seigneur me protège et garde de tout mal ce que j'ai de plus cher au monde, après moi-même!

Vultur, de son côté, n'allait pas vers la Suburre; à peine fut-il sûr d'avoir échappé au regard du jeune grec, qu'il revint sur ses pas, contourna prestement le portique de la Septa Julia et se retrouva bientôt à l'endroit où il avait quitté Apellès et à temps pour le voir poursuivre son chemin à travers le quartier juif, du même pas pressé dont il lui avait fait la remarque en le rencontrant.

— Bon! pensa-t-il, en se frottant les mains, par Mercure! je saurai où va, dans ce quartier mal famé, un athénien qui

____

(1) *Vultur* veut dire *vautour*.

a une maison au Viminal, des sesterces en grand nombre chez Diomède, qui converse familièrement avec des nazaréens, en prétendant les ignorer, et qui, à l'heure où l'on soupe chez les Lucullus et les Mécène, va humer les effluves du repoussant fricot des juifs.

Le soleil tombait à l'horizon sanglant, dans la pourpre du soir, et les rues de Rome s'estompaient déjà des ombres rapides d'un crépuscule d'automne.

— Tu ne sauras rien, s'il plaît à Dieu, murmura tout bas et pour elle-même, la voix d'une ombre furtive, que, ni Apellès ni Vultur n'avaient remarquée, qui sortit du renfoncement d'un portique et parut, quoiqu'avec des tâtonnements manifestes, prendre, en toute hâte, le chemin le plus direct pour gagner promptement les pentes du Vatican, du côté du temple d'Apollon et des jardins de César.

II

LA VIE CHRÉTIENNE ET LA PERSÉCUTION.

On était en l'an 66, au lendemain même de la mort glorieuse des illustres apôtres Pierre et Paul.[1]

La persécution sévissait à Rome dans toute sa rigueur, s'étendant même, selon le caprice et le degré de férocité ou de zèle des procurateurs de César, jusqu'aux provinces les plus reculées de l'Empire.

Chaque jour, les prétoires retentissaient des clameurs du peuple, en haine des chrétiens, et voyaient la douleur des martyrs soumis à toutes les tortures. Chaque jour, les exécutions se multipliaient, les croix se dressaient sur les collines, Néron illuminait ses jardins avec des torches humaines, dont les chrétiens, enduits de soufre et de poix, faisaient les horribles frais ; la hache du licteur abattait d'innombrables têtes, citoyennes de Rome ou patriciennes, et les fauves des amphithéâtres se disputaient, aux acclamations atroces d'un peuple en délire, les membres pantelants du troupeau de Jésus-Christ.

Lin avait succédé à Pierre, second anneau de cette

____

(1) Voir le volume précédent : LE GLAIVE ET LES CLEFS.

immense chaîne de pontifes qui allait se dérouler, sans cesse accrue, à travers les siècles d'un immense et glorieux avenir.

Née du cauchemar sanglant d'un tigre à face humaine, la première persécution générale fut une œuvre de folie, déchaînée comme un ouragan diabolique sur les enfants de Dieu, par Néron dont les crimes, couronnés par le vaste incendie — son ouvrage — qui avait dévoré la ville de Romulus, avaient fini par susciter contre lui le ressentiment populaire, auquel, il n'avait trouvé d'autre moyen d'échapper, que de donner au peuple des victimes supposées coupables, dans la personne des chrétiens.

Pour bien comprendre et voir sous son vrai jour cette époque troublée et celles qui la suivront, il faut savoir en quoi ont consisté les persécutions, et quelle était la situation de l'Église militante et naissante pendant ces heures cruelles, où de rares rayons de paix et de tranquillité effaçaient quelquefois l'horreur sanglante de ces terribles tempêtes.

D'abord, il y avait des fidèles dans toutes les classes de la société et jusque sur les degrés du trône des Césars.

Ces premiers chrétiens menaient donc une vie civile active au grand jour, et, comme les autres, sous la protection des lois de l'Empire.

Pendant cette première période, il est vrai, le culte n'était pas public ; point d'églises qui fussent ouvertes indistinctement à tous.

Les *titres* ou églises n'étaient autres que des salles empruntées à des maisons particulières, souvent patriciennes. Elles étaient très fréquentées, à la faveur de cette coutume romaine qui attachait à la personne des gens opulents d'innombrables *clients*, c'est-à-dire des amis, des obligés d'hier, d'aujourd'hui ou de demain, plutôt des flatteurs, guettant, pour la plupart, un repas payé par des adulations viles ou des condescendances souvent absurdes aux caprices et aux fantaisies les plus désordonnées du maître.

Les clients venaient, le matin, dans la maison patricienne, saluer leur *patron;* par la même occasion, beaucoup d'entre eux, surnommés des *mouches*, recueillaient les reliefs du festin de la veille et en déjeunaient maigrement, puisant avidement dans les corbeilles chargées des restes que les esclaves leur apportaient dans l'atrium, en attendant le lever du maître.

Quand celui-ci avait secoué les vapeurs du sommeil, il paraissait, parlait aux uns et aux autres, en recevait quelques-uns en particulier dans le |tablinum, puis, sortait pour aller, soit aux bains, soit au Champ de Mars, soit à quelque villa de la banlieue ou, simplement, dans les basiliques du Forum, selon que son emploi ou ses affaires l'y appelaient.

Beaucoup le suivaient, escortant sa litière et lui prodiguant les flatteries et les compliments.

Vers le milieu du jour, il les renvoyait pour prendre, seul, son repas de midi et faire la sieste; mais, quelques heures après, le même défilé de clients recommençait, et les invitations à dîner autour de la table somptueuse, en remplissaient encore la maison jusqu'à une heure avancée de la nuit.

Les premiers chrétiens n'eurent garde de ne pas profiter de cet usage qui servait leurs relations mutuelles et les intérêts spirituels de leur foi.

C'est ainsi que, dans beaucoup de riches maisons chrétiennes, comme chez le sénateur Cornélius Pudens, par exemple, presque jour et nuit, des centaines de fidèles pouvaient entrer et sortir, aller et venir, se réunir dans le décor trompeur d'un triclinium de circonstances, assister aux divins Mystères et participer aux bienfaits de l'apostolat et des sacrements, sans que rien, dans ces allées et venues, pût attirer trop l'attention.

D'autres sanctuaires, moins favorisés, les recevaient aussi, mais avec plus de danger, comme ceux des quartiers populeux et les églises des catacombes, tombeaux des martyrs que, déjà, les chrétiens commençaient à utiliser timidement et qui devaient, plus tard, jouer un rôle si grand dans l'histoire de l'Église souffrante.

Dès qu'un Empereur rendait un décret contre les chrétiens, son exécution, souvent inégale et plus ou moins soumise à des conditions arbitraires de lieux et de personnes, s'appuyait sur une loi déjà établie et qui punissait trois grands crimes ; le crime de *lèse-majesté* contre la personne des Empereurs, celui de *magie* et celui de *sacrilège*.

On conçoit sans peine, qu'il était facile d'imputer ces trois crimes à tous les chrétiens.

Il leur était, en effet, difficile de ne pas les commettre.

Les Empereurs étaient *divins*, tout le monde le sait ; or, les chrétiens ne reconnaissaient d'autre divinité que celle de Jésus-Christ uni au Père et au Saint-Esprit.

Le seul fait, pour eux, de professer la Foi au Dieu Unique en Trois Personnes les faisaient nier, par le fait même, la divinité des Césars, d'où crime permanent de lèse-majesté.

Ils introduisaient dans l'Empire une religion nouvelle, un culte secret soigneusement caché à tous les yeux et sur les cérémonies duquel on racontait les plus absurdes calomnies ; il était, de ce chef, facile de les accuser de magie et de superstition étrangère.

Ils refusaient d'adorer la tourbe infâme des dieux de marbre, d'or et d'ivoire, qui peuplaient les temples, les jardins, les champs, les maisons, les palais, les bosquets ; *sacrilège* qui tombait sous le coup de la loi.

Enfin, la loi des Douze Tables interdisait, sous peine de mort, les réunions illicites, non autorisées et nocturnes.

Chaque jour et chaque nuit, les chrétiens contrevenaient

à cette loi, pour célébrer les divins Mystères, entendre la Parole de vie et organiser les intérêts temporels et spirituels de l'Église.

Or, les peines applicables à ces crimes, étaient la crucifixion, le supplice du feu, celui des bêtes féroces pour les esclaves, les étrangers et les gens du commun, et la décollation pour les citoyens romains, sans préjudice de la question et des supplices préalables toujours liés aux jugements et aux interrogatoires.

Il n'était même pas possible aux chrétiens d'échapper à la malveillance, par le silence sur leur croyance.

En effet, la vie romaine, tout entière, reposait sur la religion des dieux, et tous les actes de l'existence étaient liés à des pratiques idolâtriques, indispensables et consacrées par les coutumes et par les lois.

Tout métier, tout emploi, public ou privé, toute transaction de quelque nature qu'elle fût, tout acte public, tout engagement privé éxigeaient, pour sanction ordinaire, une pratique idolâtrique.

Un chrétien était-il professeur, rhéteur? Il lui fallait enseigner à ses élèves les noms des dieux, leurs attributions, leur généalogie; attester, à chaque instant, leur divinité.

Etait-il soldat? D'innombrables obligations religieuses idolâtriques jalonnaient les heures de sa carrière. Il lui fallait fêter les *Natalitia* du prince, se mêler aux fêtes des *Decennalia*, adorer et invoquer les *Dii Lares militares*, ou génies protecteurs des camps, adorer les aigles comme des attributs de la divinité des Césars et leur offrir des adjurations et des sacrifices de parfums.

Etait-il *Officialis* ou greffier, assesseur, suppléant, scribe au tribunal, que de périls semaient sa carrière, bien plus grands encore, s'il était juge ou préteur!

Commerçant, s'il lui fallait opérer, sur sa parole, des transactions, des achats, des emprunts, tous ces actes comportaient un complément indispensable de garantie : le *serment promissoire*, dans lequel les dieux étaient pris à témoins de la bonne foi et des intentions droites des contractants. Tout païen jure et fait serment sur ses futiles divinités avec la plus grande facilité et la plus parfaite routine, mais un chrétien donne seulement sa parole ; pour ne pas se révéler, il se tait et son silence seul le trahit.

A Rome, la plus futile conversation était émaillée de ces attestations multipliées aux dieux de la fable ; personne qui ne jurât à tout propos, par Hercule ! par Minerve ! par Jupiter ! et toute la séquelle de l'Olympe.

Mais, si les chrétiens n'eussent eu qu'à se garer de cette prolixité de langage, il n'y eut eu pour eux qu'un demi-danger.

La vérité était que la vie chrétienne était tellement opposée à la vie païenne, de quelque côté qu'on l'envisageât, qu'il était impossible de ne pas reconnaître immédiatement un chrétien, sous quelque jour qu'on l'observât.

Les premiers chrétiens n'avaient donc pas besoin d'afficher contre les mœurs et les divinités de l'Empire un zèle intempestif, premier pas certain vers le martyre, et, si un Polyeucte ou quelques autres, avant ou après lui, s'imaginèrent de partir en guerre contre les idoles, de les renverser publiquement dans leurs effigies, il faut que l'on sache bien que cette conduite fut une exception et non pas une règle générale.

Bien plus, de pareils actes étaient sévèrement jugés et blâmés dans l'Église, même par la voix autorisée des pontifes,[1] qui rappelaient sans cesse aux fidèles la grande loi de

---

(1) Cette chose est si vraie, que les Décrets ecclésiastiques l'affirmèrent bien des fois ; entre tous, le concile d'Illibéris a formulé sur ce point un canon très précis, le voici : « *Si quelqu'un brise les idoles et est tué pour ce fait,* IL NE SERA PAS INSCRIT AU NOMBRE DES MARTYRS. » *Nous ne voyons pas, en effet, dans l'Évangile, que les Apôtres aient rien fait de pareil.* (Conc. d'Illibéris, an. 505, canon LX.)

Eh ! s'écria Vultur, en la considérant de près, je ne me trompe pas,
c'est toi, Cœcilia ? Que fais-tu ici, à cette heure, hors du gîte ? (P. 33.)

douceur, de modération, de soumission aux pouvoirs établis ordonnée par le divin Maître lui-même, lorsqu'il disait :

« *Rendez à César ce qui appartient à César, et à Dieu ce qui est à Dieu.* »

« *Si l'on vous persécute dans une ville, fuyez dans une autre.* »

La violence, en effet, n'est nulle part inscrite dans l'Evangile ; elle y est toujours, au contraire, fortement condamnée ; si Notre-Seigneur Jésus-Christ avait voulu fonder une religion par la force, il l'eut pu, car il possédait la force même du Dieu du Sinaï, et le glaive fulgurant de Moïse eut pu armer son bras ; mais il a voulu être le Dieu du Calvaire et le prisonnier de l'Eucharistie.[1] L'Église violente ne serait plus l'Église. Ses membres peuvent s'armer du glaive, parfois, quand la faiblesse humaine les égare, mais Jésus, le divin Agneau, n'a jamais été armé que de son cœur ! La tradition vraie de l'Église a toujours confirmé cette loi établie par le divin Sauveur lui-même.

Du reste, les historiens des temps apostoliques s'accordent à dire qu'en général, les vrais fidèles étaient prudents en actes et en paroles. Même accusés, même traduits dans les prétoires, sommés de sacrifier aux dieux et aux Empereurs, la règle générale de leurs réponses était la douceur, la modération mêlées à la plus noble fermeté.

Ce n'est que par exception, que les actes des martyrs relatent des violences de leur part, et les historiens païens sont là pour le confirmer, eux qui, sur le simple aperçu de la douceur et de la modération des chrétiens, les ont déclaré des pusillanimes et des lâches !

Une autre preuve de leur prudence, c'est le mystère dont ils entouraient leurs actes religieux publics ou privés, au

---

(1) Eucharistie vient du grec Eu χαρις et veut dire mystère de grâce, d'amour parfait, complet et sans bornes.

point qu'au témoignage des mêmes historiens, il arrivait parfois que des familles païennes comptaient parmi elles des membres chrétiens, sans que rien transpirât de ce secret. Une femme est chrétienne et son mari l'ignore; une jeune fille qui n'a jamais quitté la maison, est chrétienne, son père l'ignore; l'affranchi qui verse le falerne écumant dans la coupe de César, est chrétien, et César n'en sait rien! Tertullien nous affirme que de pareils cas étaient très fréquents.

Sachant donc ce que nous savons des épineuses difficultés de la vie à Rome, aux premiers siècles de l'Église, et, en général, dans tout l'Empire, il nous est impossible de croire, devant ces affirmations autorisées, au zèle romanesque et intempestif des premiers chrétiens, dont trop de romanciers plus soucieux de dramatiser leurs récits à l'excès, que de rendre gloire à l'essence même de la Religion chrétienne, l'amour, la douceur et la résignation, se sont plu à égarer nos imaginations confiantes.

De plus, on conçoit sans peine, qu'en ces temps vraiment volcaniques, une paix profonde pouvait être à jamais troublée, atrocement et pour longtemps, par le seul fait de la lacération d'un édit impérial, du bris d'un emblème ou de tout délit du même genre, commis par un chrétien au mépris des lois communes à tous.

L'intérêt même de la communauté réclamait la prudence, et la douceur toujours recommandée par les pasteurs et souvent exigée sévèrement.

Mais, cette prudence même, était souvent funeste à ceux qui l'employaient pour leur salut particulier et le bien général de la communauté.

Le monde païen, en effet, livré sans entraves à tous ses appétits les plus désordonnés, ne pouvait être témoin de ce silence, sans en abhorrer le mystère.

Il sentait vaguement que le sol était miné sous ses pas,

et qu'un immense complot l'environnait, l'enserrait dans les mailles, sans cesse plus étroites, d'un vaste filet tissé par des mains inconnues et pour un but ignoré.

D'autre part, les calomnies dont on accablait les chrétiens ne contribuaient pas peu à fausser le jugement de cette société païenne et à lui faire voir, dans les fidèles de la Foi nouvelle, des fanatiques d'un système religieux aussi chimérique que dégradant, ordonnant à ceux qui l'embrassaient, la révolte, l'anarchie, et patronant tous les crimes.

De ce fait, l'Empire était cru menacé dans ses racines mêmes, et ses intérêts compromis ; un seul chef d'accusation englobait, alors, tous les autres, et, déclarés ennemis des Empereurs « *irreligiosi in Cœsares,* » les chrétiens étaient, de ce chef, condamnés d'avance, par la seule réputation d'impiété envers César.

Ainsi, le châtiment était toujours suspendu sur leurs têtes comme la terrible épée de Damoclès. Il suffisait d'un mouvement populaire contre eux, de la cruauté d'un préteur ou d'un procurateur, pour que l'évidence même de leur placidité de bons citoyens ne les défendît plus et que la persécution sévît, avec horreur, sur un point, alors que, partout ailleurs, la paix était complète.

C'est ainsi qu'il serait erroné de croire que les dix persécutions constituèrent pour l'Église dix époques de tourments bien distinctes et, en quelque sorte, fatidiques, séparées par des temps égaux de paix parfaite.

Pendant les trois siècles que durèrent les persécutions, jusqu'à Constantin qui pacifia complètement l'Église, en plaçant la Croix sur la couronne des Césars, elles restèrent immanentes, parfois endormies et latentes, souvent éveillées, mais jamais complètement arrêtées, ce qui eut exigé l'abrogation des édits impériaux qui ne furent jamais rapportés.

Enfin, si, dans tout l'Empire, les menaces de la persécution et la palme du martyre étaient, sans cesse, suspendues sur la tête des chrétiens, c'était à Rome, surtout, que les fidèles brebis de Jésus-Christ étaient le plus menacées et le plus souvent atteintes, on le comprendra sans peine et sans qu'il soit nécessaire d'en donner d'autres raisons que celles précédemment énoncées.

III

Après cette digression historique nécessaire, revenons à notre récit.

Le jeune grec marchait toujours.

Par prudence, toutefois, il avait allongé son itinéraire, afin de dépister, à l'occasion, les pas d'un espion possible.

Après avoir traversé le Tibre au pont du Janicule et s'être engagé dans le quartier juif aux rues tortueuses, sales et presque obscures, quoique le soleil ne fût pas encore entièrement disparu de l'horizon, il longea les pentes de la colline récemment sanctifiée par la croix et le sang de Pierre dont il saluait, dans son cœur, la place glorieuse et la sublime mémoire.

Puis, il franchit la vallée qui séparait le Janicule du Vatican et, enfin, atteignit la *via Aurelia* par laquelle on pouvait accéder au cirque et aux jardins de Néron.

Le crépuscule avait épaissi ses ombres et un grand silence régnait dans cette partie de Rome peu habitée et presque déserte.

Comme le jeune homme rasait les portiques d'une somptueuse villa occupant un large espace de terrain entre la rive du fleuve et la vallée, tout à coup, il se sentit retenu par un pan de son manteau.

Son premier mouvement fut un geste d'effroi, inconsciemment esquissé, puis, subitement, la réflexion lui vint et il songea que, sans doute, un clou ou une anfractuosité de muraille, avait, probablement accroché son vêtement.

Mais une voix douce et qui ne lui paraissait pas effrayante, l'appela tout bas par son nom :

— Apellès !...

— Qu'est-ce? s'écria-t-il, en fixant des yeux le coin d'ombre d'où étaient sortis la main et la voix.

— Chut! reprit celle-ci, pas un mot, vous êtes suivi. Ecoutez.

Apellès prêta l'oreille.

En effet, il percevait des pas pressés et une respiration essoufflée mêlée de quelques grognements de mauvaise humeur à l'adresse de Castor et de Pollux.

— Par ici! continua la voix, suivez-moi.

Apellès obéit machinalement.

Les rares étoiles, seules, virent deux ombres raser les murs de la villa et, par des sentiers détournés, regagner les premières maisons du Transtévère.

Personne n'eut pu savoir, avec le seul secours des yeux, tant la nuit s'était faite sombre, quelles étaient ces deux ombres.

Le jeune homme, lui-même, obéissant à l'injonction du silence, n'ouvrait pas la bouche pour interroger son guide qu'il suivait, cependant, avec la plus entière confiance, sentant dans son cœur, qu'un bon ange le sauvait d'un péril.

La mystérieuse inconnue, (car c'était une femme), s'arrêta devant une pauvre maison, poussa une porte étroite qui roula silencieusement sur ses gonds, et invita son compagnon à entrer.

D'un coup d'œil rapide, Apellès examina les lieux dans lesquels il venait d'entrer aussi mystérieusement.

Rien, dans cette maison, ne rappelait la disposition luxueuse des palais de la ville impériale.

Une seule vaste pièce servait, à la fois, d'atrium, de triclinium et de tablinum, et une exemplaire propreté en était le seul luxe.

Pour meubles, des escabeaux de bois sans aucune recherche de style, étaient épars, (non pas au hasard), sur un pavé de lave qui ne rappelait en rien, lui non plus, les riches mosaïques des maisons patriciennes.

Pendues, çà et là au plafond, juste au-dessus des escabeaux et par des chaînes de fer qu'une tige à crochets réunissait en un anneau central, des lampes d'argile brûlaient avec une lueur rougeâtre et fumeuse, éclairant des pierres d'ardoise, de lave, de granit et même de marbre, rangées par ordre et portant des inscriptions grecques ou latines, ébauchées, esquissées au charbon ou finies *ad unguem.*[1] »

Dans un angle, un pauvre dressoir contenait de la pauvre poterie, rebut des fours étrusques, dans laquelle les habitants de la maison devaient, sans doute, préparer et prendre leurs pauvres repas.

Un brasero éteint, placé au-dessous de l'empluvium du plafond et accompagné d'un trépied de fer, indiquait qu'il devait servir au double usage de réchauffer la maison pendant les temps froids et de cuire les aliments quotidiens.

— Où suis-je donc, dit Apellès, et quel est ce mystère ?

Trois hommes étaient devant lui, en habit de travail, c'est-à-dire vêtus d'une simple tunique blanche à manches, serrée à la taille par une ceinture de cuir qui servait, en

---

(1) Expression qui signifie polie comme avec l'ongle. Les sculpteurs grecs et romains passaient pour finir par cette douteuse méthode les lignes les plus délicates de leurs chefs-d'œuvre.

même temps, à la relever jusqu'à mi-jambe pour la commodité du travail.

L'un d'eux était un vieillard à l'air vénérable, au front chauve et au visage doux orné d'une longue barbe blanche ; il tenait entre les mains un marteau et un ciseau à l'aide desquel, sans doute, il était en train de travailler une large pierre.

Les deux autres, jeunes gens dans la force de l'âge, vêtus comme lui, comme lui armés des mêmes instruments de travail, avaient le même air doux et pacifique qui accentuait encore, à l'avantage de leur jeunesse, un visage frais et dépourvu de barbe.

Des pelles et des pioches gisaient, dans un coin, avec des truelles à mortier.

— Ne craignez rien, Apellès, dit, alors, la jeune fille, en se montrant, cette fois, en pleine lumière, vous êtes chez Hilarius, le fossoyeur du cimetière de Lucine, au Vatican ; voici mon père et mes frères, occupés, comme vous le voyez, à préparer les tombes des martyrs. Vous avez un ennemi qui s'attache depuis longtemps à vos pas, pour vous épier et se convaincre de votre qualité encore récente de chrétien ; cet ennemi a formé contre vous des projets ténébreux ; je suis au courant de ces projets par la grâce de Dieu ; j'ai su que, ce soir, vous alliez au cimetière de Lucine, comme tant d'autres de nos frères, mais, pour des raisons encore plus puissantes, peut-être ; j'ai su aussi que Vultur avait formé le projet de vous suivre, afin de découvrir l'entrée du cimetière qu'il ignore, s'y glisser, peut être, à votre suite et en livrer les secrets aux ennemis de Jésus-Christ ; j'ai eu le bonheur de vous soustraire, ainsi que nos frères, à ce malheur imminent, remercions Dieu du succès de mon entreprise et considérez-vous ici comme chez les plus dévoués de vos amis.

— Oui, Apellès, dit le vieillard, prenant, ensuite, la parole, soyez ici le bienvenu. Il peut se faire que vous ne connaissiez pas un humble fossoyeur du cimetière de Lucine où, sans doute, vous ne venez pas souvent, et il aurait bien pu se faire aussi que nous ne vous connussions pas, parmi les nombreux fidèles qui le fréquentent; mais la Providence a voulu que cette lacune fût comblée, pour la gloire de Dieu et de ses impénétrables desseins.

— J'espère que vous me donnerez de plus amples explications, dit le jeune homme. Et vous, noble jeune fille, quelle louange ne vous dois-je pas et quels remerciements pour votre dévouement et la pénétrante acuité de vos yeux !

— Je n'ai fait, répondit la jeune fille, que mon devoir de chrétienne, d'abord; ensuite je ne suis pas une noble jeune fille, mais une pauvre esclave, et, enfin, mes yeux ne sont pas ce que vous croyez, car... je suis aveugle!

Apellès la regarda, alors, à la clarté des lampes et vit que ses paupières baissées n'abritaient que des prunelles éteintes. A cette révélation inattendue, il resta muet de surprise et ses bras tombèrent dans un sentiment de chagrin.

— Ne me plaignez pas, dit-elle, car vous devez bien savoir que la Providence veille sur tout ce qui se confie à sa garde, et, comme elle vêt les lys des champs, elle donne aux plus déshérités de ses enfants, des compensations généreuses et des facultés supplémentaires. Je connais les rues de Rome comme notre propre maison ; tous les détours de nos cimetières me sont familiers et j'ai servi de guide, plus d'une fois, dans celui de la via Aurélia, à des yeux grands ouverts, impuissants à se conduire eux-mêmes dans le dédale des corridors qui, en se prolongeant tous les jours, commencent à en faire un véritable labyrinthe qu'une grande habitude, seule, peut rendre familier à ceux qui y portent leurs pas.

— Il faut, cependant, dit le jeune homme d'un air soucieux, que je sois au cimetière ce soir, car j'y suis attendu.

— Oui, la noble Lucia vous attend, dit la jeune fille, mais...

— Quoi! vous connaissez aussi ma sœur! s'écria Apellès,

rempli d'étonnement; quel rôle jouez-vous donc dans ma vie, jeune fille mystérieuse ?

— Peut-être celui de la Providence, répondit la fille du fossoyeur. Oui, je connais la noble Lucia. Tout à l'heure, vous m'avez improprement appliqué cette épithète patricienne, à moi, pauvre fille qui ne suis qu'une esclave au service de maîtres païens. Quoique la volonté de Dieu ait fait passer votre sœur par une épreuve de servitude analogue à la mienne, du moins, elle a eu le bonheur d'être au service de l'illustre Pomponia qui, bientôt informée de ses malheurs et de son origine libre, s'est hâtée (quoique chez elle tout esclave soit libre de la liberté de Jésus-Christ) de l'affranchir [1] de tout autre service à son égard que de l'attachement de l'amitié. Lucia n'a pas voulu le rompre, même après que Dieu lui eut fait la grâce de retrouver son frère chéri et de le retrouver doublement, puisqu'il lui était rendu dans l'ineffable amour du Christ. Vous voyez que je suis au courant de tout ce qui vous intéresse et que les secrets même de votre cœur ne me sont pas étrangers. Aujourd'hui, encore, j'ai vu la noble Lucia, et il serait trop long de vous raconter, maintenant, par quel enchaînement de circonstances j'ai été amenée à recevoir d'elle toutes les confidences avec lesquelles je vous surprends en ce moment, à lui révéler mes craintes à votre sujet et à recevoir d'elle la prière de veiller, ce soir, sur vos pas. Vultur, qui, comme il vous l'a dit, est scribe chez Diomède le banquier, où il est entré facilement, grâce à son

---

(1) Les esclaves, à Rome, obtenaient souvent leur affranchissement soit gratuitement, par amitié de leurs maîtres, ou à prix d'argent. Cette libération devait être sanctionnée par le préteur et son signe sensible était un léger soufflet sur la joue donné par le magistrat. On les appelait, alors, *libertus*, affranchi ou *liberta*, *affanchie*. Ils n'étaient pas, cependant, capables, pour cela, d'entrer dans la classe des personnes libres de naissance, dans laquelle ne rentraient que ceux qui, nés libres, puis, devenus accidentellement esclaves, étaient rendus à la liberté et se nommaient, alors, *ingenuus* ou *ingenua, né* ou *née libre*. C'était le cas de Lucia, sœur d'Apellès.

père qui, comme vous le savez, est préteur et particulière-
ment ennemi des chrétiens, Vultur ne vous a pas rencontré
par hasard, ce soir, comme vous paraissez le croire, sans
doute; ce mauvais personnage a des amis aussi méchants
que lui, avides et débauchés, qui rêvent de s'enrichir des
dépouilles de ceux de nos frères à qui Dieu a donné les biens
de ce monde en partage. Vous êtes une des premières victimes que sa haine avide a choisies pour la spoliation. Vous
voulez quitter Rome et retourner en Grèce avec Lucia, je le
sais; eh bien! lui aussi le sait, il sait aussi que vous attendez
que Diomède vous ait rendu des comptes, afin de ne pas
laisser derrière vous d'intérêts temporels en souffrance; c'est
par là qu'il prétend vous tenir et c'est cette fortune qu'il
convoite.

— Il me l'a fait assez entendre. Mais, comment êtes-vous
instruite de toutes ces choses?

— Si vous allez un jour chez le préteur, dit tristement la
jeune fille, vous verrez, peut-être, dans la maison, une pauvre esclave que l'on croit orpheline et sans famille, qu'on ne
soupçonne pas d'être chrétienne, à qui on n'a jamais demandé
compte de ses sentiments, parce que les sentiments d'une
esclave ne comptent pas, que l'on juge presque inutile parce
qu'elle est privée de la lumière, et qu'on laisse à peu près
libre d'aller et venir où elle veut, sans contrôle sévère; cette
pauvre esclave, c'est moi, Julia, fille d'Hilarius, fossoyeur
au cimetière de Lucine, au Vatican.

— Pauvre enfant! murmura Apellès avec des larmes dans
les yeux, oubliant ses propres douleurs devant cette infortune.

— Ne me plaignez pas, dit gaîment la jeune aveugle,
ma part est belle et la Providence m'a gâtée. Moi qui serais
un objet de pitié, en tout autre circonstance, je suis, par la
grâce de Jésus-Christ, un instrument caché par lequel, souvent, il a secouru ses fidèles menacés. J'ai aidé à prévenir
bien des maux et, s'il plaît à sa divine bonté, j'espère rendre

encore de nombreux services à nos frères. N'allez pas au cimetière, ce soir, conclut-elle, ou, du moins, attendez pour cela que votre route soit éclairée et sûre.

Et, s'adressant à l'un des jeunes gens :

— Mon frère Tranquillus ira, avant votre départ, s'assurer que nulle embûche ne vous attend sur le chemin ni aux abords du saint lieu. Quant à moi, il faut que je retourne chez Ulpianus le préteur, et, d'ici au Vélabre, j'ai encore une assez longue route à faire. Il ne faut pas que Vultur puisse échafauder aucun soupçon sur sa déconvenue de ce soir, si, par hasard, on a constaté mon absence.

Ceci dit, la jeune fille s'enveloppa le visage de son *flammeum*, qu'elle avait un moment relevé, et, après avoir embrassé son père et ses frères, sortit mystérieusement de la maison par une autre porte que celle qui leur avait donné passage.

Cependant, le fils du préteur était encore là, prenant à partie de sa déconvenue tous les dieux de l'Olympe, hébété devant la fuite mystérieuse de sa proie.

— Voyons, se disait-il, Apellès n'a pu m'échapper ainsi. Un homme ne disparaît pas sous terre comme un rat ou un serpent, quoique ces maudits chrétiens aient toutes les ruses et possèdent des repaires si mystérieux qu'on les y voit s'éclipser comme les ombres au théâtre, par les trappes invisibles qui aident à l'escamotage prestigieux de leur personne. Et puis, leur repaire n'est pas dans cet endroit précis, j'ai entendu dire qu'il devait se trouver sur les pentes mêmes du Vatican, parmi les ruines et les broussailles. Que faire ? L'heure s'avance et, rester ici en sentinelle, ne fait pas mon compte. Mieux vaut remettre à une autre fois cette partie manquée et regagner les quartiers honorables de la ville. Allons !

Et après une nouvelle et infructueuse investigation aux environs, Vultur reprit sa marche vers le Vélabre, en suivant un autre chemin.

Il marchait à pas pressés, et le cuir de ses sandales faisait un léger bruit sur le pavé graniteux de la rue.

Ce bruit n'échappa pas à une ombre silencieuse qui rasait les maisons closes en se hâtant, elle aussi, vers le centre de Rome, confiante dans l'obscurité protectrice, moins épaisse, pourtant, que la nuit de ses yeux, au milieu de laquelle, de temps en temps, ses mains tâtonnaient pour s'assurer qu'elle ne se trompait pas dans sa route.

C'était Julia.

De gros nuages roulaient dans le ciel, protégeant sa marche. Mais, soudain, une éclaircie d'où jaillit un rayon de lune, la trahit.

— Qu'est-ce? pensa Vultur en apercevant la silhouette de la jeune fille au détour d'une rue, quelle est cette ombre à la fois empressée et indécise?

Et, hâtant le pas, il eut vite fait de la rejoindre, au moment où, défiante, elle se blotissait dans un coin de muraille qu'elle espérait sombre, et que la lune éclairait en plein pour un fugitif instant.

— Eh! mais! s'écria Vultur en la considérant de près, je ne me trompe pas, c'est toi, Cœcilia? Que fais-tu ici, à cette heure, hors du gîte? Tu m'épiais, sans doute?

— *Domine*, répondit l'esclave, sans paraître émue, malgré les battements précipités de son cœur, comment voulez-vous qu'une pauvre aveugle comme je suis, puisse épier un homme comme vous, dont les yeux sont grands ouverts à la lumière?

— Hum! tu veillais sur ma sécurité, peut-être? dit railleusement Vultur, car, comment expliqueras-tu ta présence, à cette heure, en même temps que moi, en ce lieu; il y a longtemps que je sais que l'on ne doit se fier à personne, pas même aux aveugles, aux sourds et aux muets; tous ces infirmes là sont souvent plus valides que les autres. Serais-tu égarée par ici?

— Vous l'avez dit, *Domine,* répondit Cœcilia avec douceur, je marche dans les ténèbres et je risquais de me perdre
tout à fait sans votre heureuse intervention qui m'avait
d'abord presque effrayée. J'erre en ces quartiers, je crois, au
moins depuis le coucher du soleil, j'ai dû faire de nombreuses marches et contremarches et je bénirais celui qui
pourrait me mettre sur le chemin de la noble maison du
seigneur Ulpianus, votre père.

— C'est bon! c'est bon! jeune fille, dit Vultur d'un ton
bourru et sournois, tu n'es pas si loin de la route que tu ne
le crois; suis cette rue droit devant toi, tu arriveras au pont
du Tibre et là tu n'auras plus de peine à retrouver la maison. Quant à moi, je vais aux étuves de Calpurnius où
m'attendent des amis.

— Je te rends grâces, seigneur, répondit la jeune aveugle, je serais à la maison avant que tu ne sois arrivé aux
bains de Calpurnius.

Et, avec une tâtonnante lenteur, savamment calculée,
Julia se mit en route, en prenant le chemin indiqué, tandis
que Vultur, pressant le pas, se perdait dans la nuit.

La jeune fille s'arrêta, alors, et, l'oreille aux aguets,
écouta s'éloigner l'ennemi. Son ouïe fine lui indiqua bientôt
qu'elle n'avait plus rien à craindre.

Alors, rebroussant subitement chemin, elle se hâta de
revenir à la maison de son père où elle entra, légère et furtive comme une ombre.

Elle trouva les quatre hommes encore là, occupés à
examiner des stèles de tombeaux et a déchiffrer ou commenter
des inscriptions funéraires.

— C'est toi, Julia! dit le vieillard avec une douce surprise, que t'es-t-il arrivé en route?

— J'ai rencontré Vultur, j'ai déjoué ses soupçons, et,
après m'avoir cru perdue et m'avoir remise soi-disant sur ma
route, il m'a dit qu'il allait aux étuves de Calpurnius. Je me

suis assurée de son départ et, le sachant bien hors de
ce quartier, je suis accourue vous en prévenir.

Et, s'adressant au jeune grec :

— Seigneur Apellès, vous pouvez, maintenant, en toute
sécurité, aller au cimetière, vous arriverez à temps pour les
cérémonies de ce soir. Pauvre esclave que je suis, je n'y
pourrai assister et je vais, de ce pas, retourner promptement
chez Vulpianus. La paix du Seigneur soit avec vous!

— Et avec ton esprit! répondirent les quatre hommes,
tandis que Cœcilia sortait de la maison paternelle.

IV

LES CIMETIÈRES.

La Rome souterraine que de savants travaux contemporains ont, aujourd'hui, en grande partie, ouverte à la lumière, à la science et à la vénération, était loin d'être, à cette époque, ce que nous la connaissons présentement sous le nom de catacombes.[1]

La ville de Rome possédait bien de vastes carrières, soit à ciel ouvert, soit souterraines, d'où l'on avait extrait régulièrement du sable et des pierres pour toutes sortes de travaux de constructions,[2] mais, jamais, les chrétiens n'ont eu l'idée de les affecter à leurs sépultures et à leurs assemblées.

Outre que ces carrières étaient connues de tous, elles étaient propriétés de l'Etat, dont ils n'auraient pu librement disposer pour leur usage.

Les savants qui ont étudié le système des catacombes sont unanimes à leur reconnaître un cachet tranché d'origi-

----

(1) Il n'était pas question à cette époque du mot *catacombe* qui n'a commencé à être employé qu'à la fin du 3ᵉ siècle et a été vraisemblablement tiré du grec κατα
selon et κυμβος *creux*.

(2) Les *arenaria*.

Ils ne considéraient la mort que comme un sommeil
et le tombeau comme un lit de repos et d'attente. (P. 39.)

nalité parfaitement en rapport avec les services qu'on en attendait.

Nous ne voulons pas faire de longues digressions à ce sujet sur lequel nous aurons occasion de revenir plus d'une fois, sans doute, mais seulement préparer le lecteur à saisir ce qui pourra en être dit dans la suite, en lui donnant quelques notions générales.

En parlant de la mort et de leurs tombeaux, les païens disaient : « *æterna domus*, dernière et éternelle demeure; *somnus æternalis*, sommeil éternel; *nox æterna*, nuit éternelle. »

C'est que, pour eux, la vie présente était tout; la vie future, rien. L'immortalité dans les délices des Champs-Elyséens, ou dans les angoisses du Tartare n'était, à leurs yeux, que des allégories fabuleuses que leur matérialisme ne prenait pas au sérieux.

Les chrétiens, au contraire, auxquels la résurrection glorieuse du Christ avait ouvert et montré la voie du ciel et qui croyaient à la vie éternelle, ne considéraient la mort que comme un sommeil et le tombeau comme un lit de repos et d'attente.

Ils appelaient la tombe « *cubiculum*, un lit; *locus dormitionis*, un endroit de repos; *requietorium*, un reposoir. » La place de chaque défunt était désignée sous le nom de *depositorium*, κατα θεσις, lieu où l'on dépose momentanément quelqu'un. L'ensemble de la nécropole était appelé cimetière du mot latin *cœmeterium*, venu, lui-même, du grec κοιμητήριον, ou *dormitorium*, dortoir, du substantif *dormitio*, sommeil. »

Aussi, la plupart des épitaphes portaient-elles ces mots significatifs, incessamment répétés, sur la tombe de chaque défunt : « Déposé en paix, » formule type, dont les variantes attestaient toujours l'espérance de la résurrection prochaine.

Et cette espérance était d'autant plus vive que les

chrétiens du premier siècle croyaient fermement que l'avènement glorieux du Fils de l'Homme était très proche, qu'il allait promptement revenir pour précipiter dans l'enfer ce monde d'iniquités, et, dans le solennel jugement final, ouvrir son sein paternel à tous ceux qui auraient cru en Lui.

Le divin Sauveur n'avait-il pas dit, en effet, en annonçant les catastrophes finales du Seigneur :

« Cette génération ne passera pas que ces choses ne soient accomplies ! »

Les chrétiens du premier siècle, dans leur foi simple et naïve, avaient pris à la lettre cette prophétie et appliqué au mot *génération* le sens de la durée d'une existence normale humaine, tandis que Notre-Seigneur, en parlant ainsi, avait voulu désigner une immense étendue de temps, une véritable période de siècles, comprenant toutes les générations humaines écloses et à éclore au soleil nouveau de la divine Rédemption.[1]

L'histoire des catacombes ou cimetières dont la ville de Rome est entourée, au nombre de soixante environ, peut se diviser en trois époques. L'époque de leur formation qui dura près de trois siècles ; l'époque de leur vénération et de leur entretien, avec usage fréquent, qui va jusqu'au huitième siècle ; enfin, l'époque de leur oubli qui, du huitième siècle à nos jours, les fit complètement négliger, leur usage ne répondant plus à aucun besoin de l'Eglise dont l'épanouissement à ciel ouvert avait d'autres gloires et d'autres soucis.

Cette troisième époque est terminée et une ère nouvelle paraît s'être ouverte pour elles, créant une quatrième époque

---

(1) Notre-Seigneur Jésus-Christ, d'ailleurs, avait pris soin de dire que la fin du monde n'arriverait que lorsque l'Évangile serait prêché dans toute la terre. La miraculeuse expansion de la Foi dès le 1er siècle et la merveilleuse activité de ses Apôtres dans le monde connu alors (qui passait pour être les limites de la terre), pouvait entretenir cette espérance. Aujourd'hui encore, il reste des régions inconnues à évangéliser.

dans leur histoire, celle de la mise au jour des incomparables trésors qu'elles renferment au point de vue de la Foi, de l'archéologie, de l'art et de l'histoire.

D'immenses travaux y ont été déjà accomplis, mais leur exploration est loin d'être complète encore; puisse, un jour, cet immense reliquaire de la Foi apparaître aux yeux dans toute sa majestueuse et poignante splendeur, éternel témoignage des luttes sanglantes et efficaces des ouvriers de Jésus-Christ, dans cette vigne du Seigneur si bien fécondée par eux que le monde entier en est maintenant devenu le champ immense et généreux.

Au moment où se déroule notre récit, les catacombes n'existent qu'à l'état de germe.

Sur quelques points rares de Rome, les chrétiens ont fondé des cimetières, dans le plein exercice d'un droit reconnu et patroné par les lois de l'empire, c'est-à-dire inviolable et sacré même pour les païens.

Ceux-ci, en effet, avaient, au plus haut degré, le respect de la mort, malgré la familiarité avec laquelle ils la traitaient souvent, au point d'admettre un squelette à chacun de leurs banquets, pour présider les orgies, non dans le but salutaire de rappeler aux convives les grandes vérités éternelles, mais simplement pour les exciter au plaisir et à la mise à profit, pour la joie, de l'heure présente dont l'image de la mort leur signalait incessamment la fugitive brièveté.

La coutume antique était de brûler les morts.[1] Mais cette

---

(1) En général, du moins, quoique de nombreuses découvertes archéologiques aient donné à penser que, parfois, les païens de Rome, eux mêmes, ensevelissaient les corps sans les brûler, les plaçant souvent dans des sarcophages de pierre avec des aromates. C'était même, au dire de Tacite, pour suivre l'exemple des princes étrangers. Il nous apprend, en effet, dans ses Annales (xvi, 6), que le corps de Poppée, femme de Néron, que celui-ci tua d'un coup de pied et fit placer ensuite au rang des dieux, fut ainsi traité : « *Selon l'usage des rois étrangers et contrairement à la coutume romaine, son corps ne fut pas brûlé, mais enseveli après avoir été entouré*

coutume ne s'appliquait qu'aux riches, car les dépenses d'un bûcher funèbre et de ses cérémonies étaient énormes. Le mort une fois réduit en cendres, on en recueillait la poussière qu'on enfermait dans une urne plus ou moins précieuse qui allait prendre rang dans le *columbarium* de famille, orgueilleux monument en rapport avec la fortune et la vanité de ses propriétaires, construit, selon l'exigence des lois, hors de la ville, dans la vaste nécropole, traversée par la célèbre voie Appia et dont Cicéron s'est plû à énumérer les plus fastueux tombeaux.

Parfois, les familles riches faisaient participer leurs esclaves défunts aux honneurs du bûcher et de la sépulture familiale. Nous voyons ce fait établi par l'immense columbarium des Scipion, par exemple.

Mais, la plupart du temps, c'était la voirie, le *cloaque* ou le Tibre qui servaient de sépulture aux esclaves, aux gens de la plèbe et aux suppliciés. On jetait leurs corps pêle mêle dans des charniers horribles, à travers une étroite ouverture, sans honneur, comme des dépouilles immondes d'animaux.

Ce sort posthume était même la terreur de beaucoup de gens à Rome; il fallait être réduit à la dernière pénurie pour n'avoir pas une sépulture désignée d'avance. Aussi, de véritables associations funéraires mutuelles étaient en vigueur pour assurer une sépulture honorable à leurs membres, en cas de décès, moyennant une faible cotisation périodique.

Les premiers chrétiens n'avaient eu garde de négliger les avantages que leur offraient ces usages protégés par les lois,

---

de parfums. » Nous savons par la *passion de S. Pierre attribuée à S. Lin*, que le corps du Prince des Apôtres fut lavé avec du lait et du vin précieux, puis déposé, entouré d'aromates, dans un sarcophage, que l'on remplit de fin miel de l'Attique. Quoique l'authenticité de ce document soit douteux, ce fait n'a rien d'improbable, car il répond à une coutume orientale et à un usage courant parmi les juifs et adopté par les chrétiens en mémoire du mode d'ensevelissement de Notre-Seigneur Jésus-Christ.

eux qui considéraient la mort comme un sommeil momentané et inviolable que devait, seule, interrompre la trompette du jugement, annonçant la résurrection des corps.[1]

Composée, en majeure partie, de gens du petit peuple, la société chrétienne primitive était loin, toutefois, d'être dépourvue de ressources pécuniaires. L'extraordinaire abondance des aumônes qu'elle distribuait journellement en est la preuve.

Ces richesses, sans cesse épuisées et sans cesse renouvelées, lui venaient d'une source bien connue.

De nombreuses personnes, en effet, appartenant à la plus haute société romaine, étaient journellement gagnées à la Foi. Souvent, une esclave chrétienne, humble et obscure, convertissait une noble jeune fille ou une orgueilleuse matrone qui se retiraient du monde, pratiquaient la Foi en secret et employaient leurs revenus et même leur bien foncier, en tout ou en partie, aux œuvres pieuses de toutes sortes. Ces œuvres avaient pour but d'assurer dans les divers quartiers de Rome l'exercice régulier du culte, en entretenant les prêtres, quoique beaucoup d'entre eux eussent un métier qu'ils continuaient à exercer par nécessité, par humilité et par prudence à la fois; elles servaient à alimenter la vie des pauvres, à soulager les infirmes, les malades, à assister les prisonniers, à honorer les martyrs et les confesseurs de la Foi, dans leurs tombeaux, et à sauver leurs restes de la voierie ou du Tibre, en les achetant à grands frais aux exécuteurs avares et aux bourreaux avides.

C'est ainsi que de nobles matrones chrétiennes, pourvurent, par le don d'un terrain, dans un *prœdium* ou propriété leur appartenant, aux premières sépultures chrétien-

---

(1) Ce respect de l'intégrité des corps fut longtemps si vivace dans l'Église, que les plus illustres évêques ne purent obtenir des premiers papes d'autres reliques des grands martyrs que des linges ayant touché leur tombeau. Ce n'est que dans la suite que l'usage s'introduisit de distribuer des fragments d'ossements.

nes, noyaux des cimetières et germe des vastes catacombes auxquelles la nécessité des temps donna l'extension formidable que nous connaissons aujourd'hui.

Or, cette extension ne put s'opérer, par la suite, qu'à de grandes profondeurs, pour plusieurs raisons.

L'une de ces raisons était la nécessité de creuser ces excavations dans des terrains solides et, pour cela, il fallait atteindre la roche souvent très éloignée du sol ; une autre raison était que, les catacombes s'étendant sous des propriétés voisines, c'était seulement en descendant très avant dans les entrailles de la terre que les chrétiens pouvaient écarter l'éventualité des effondrements du sol de ces propriétés, d'une part, et, d'autre part, éviter dans une certaine mesure de léser, au point de vue légal, le droit de propriété qui donne à celui qui possède, la pleine jouissance du sol et du sous-sol de son bien.

On s'arrangeait de manière que l'ouverture de chaque cimetière souterrain dépendît d'une propriété chrétienne, soit qu'il s'agît d'une villa patricienne appartenant à de nobles convertis, ou simplement d'un terrain acheté en vue d'une sépulture privée affectée à un certain nombre de tombes supposées appartenir à la même famille.

Au temps de Néron, tout enclos funèbre était inviolable ; on pouvait y construire une maison comme pour y loger un gardien, en réalité pour en faire un lieu de réunion et de descente aux souterrains.

Dans la suite, lorsque le cimetière s'étendait et que son caractère de sépulture collective était trop visible et remplaçait manifestement son apparence privée et familiale, les chrétiens, changeant prudemment de tactique, le déclaraient propriété d'une association mutuelle de funérailles, et la même inviolabilité couvrait la tombe des martyrs.

Tous ces cimetières étaient hors de l'enceinte de la ville, car la loi interdisait les sépultures, *intra muros,* et leurs entrées se trouvaient dans la campagne, souvent fort bien dissimulées dans des accidents de terrain ou des fourrés touffus.

Selon les probabilités historiques les plus admissibles, les chrétiens de Rome avaient déja leurs cimetières particuliers, du vivant de saint Pierre et de saint Paul.

Outre qu'ils n'eussent pas voulu se mêler aux païens davantage dans le sommeil de la mort que dans l'activité de la vie, plusieurs traditions nous apprennent que, dans ces premiers cimetières, saint Pierre baptisait.

Les archéologues pensent que les deux plus anciens cimetières de Rome étaient le grand cimetière de la *via Salaria*,[1] hors les murs, au delà des jardins de Salluste, à gauche de la voie Nomentane, cimetière fondé par sainte Priscille, mère du sénateur Pudens, qui habitait le *Vicus Patricius* ou quartier noble, dont il n'était pas très éloigné, puis, le cimetière du Vatican sur la *via Aurelia*.

Celui-ci aurait été ouvert sur un terrain donné par la matrone Pomponia Grœcina, plus connue, parmi les chrétiens du temps, sous le nom de Lucina, aux geôliers de la prison Mamertine, Processus et Martinianus[2] qui, plus tard, lui donnèrent leur nom.

Tous les cimetières reçurent au fur et à mesure de leur développement des noms distinctifs, tirés, soit du donateur du terrain primitif (cimetière de Lucine), ou du nom des lieux environnants (cimetière *ad Nymphas* ou des Nymphes; *Inter duas laureas* ou des deux lauriers...) On les désignait aussi du nom du ou des principaux martyrs qui y étaient déposés : (cimetières de sainte Agnès, de saint Pancrace, d'Hermès, de Priscilla, de Prœtextatus, etc.).

---

(1) Selon les actes du Pape Liberius (ch. iii, t. 1 concilior.). Le cimetière Ostrien de la *via Salaria* aurait précédé tous les autres et S. Pierre y aurait fréquemment administré le baptême.

(2) Convertis par S. Pierre et S. Paul prisonniers. (Voir le volume : Le Glaive et les Clefs.

Nous supposons dans notre récit, car, sur ce point, comme sur bien d'autres de l'histoire de ces époques lointaines, les documents précis manquent trop, hélas! que le cimetière du Vatican ou de Lucine est déjà aménagé en catacombe, comme les probabilités nous permettent de le croire, car, déjà, à cette époque, au témoignage irrécusable de l'historien Tacite, une grande multitude de chrétiens avaient péri victimes de l'impériale et cruelle folie de Néron; il avait fallu les inhumer quelque part, selon le mode d'ensevelissement des fidèles de Jésus-Christ, et leur nombre avait dû être réparti entre le cimetière Ostrien de Priscilla et celui du Vatican ou de Lucina où reposait le corps de saint Pierre, sans préjudice d'autres noyaux de catacombes qui, sans doute, se formaient déjà autour de Rome, comme, par exemple, aux Eaux Salviennes, lieu du martyre et tombeau de saint Paul, dans une autre propriété de Pomponia, sur la voie d'Ostie qui devait voir, plus tard, s'élever la magnifique basilique de Saint-Paul-hors-les-murs.[1]

(1) Conçue par le pape S. Sylvestre, bâtie par Constantin, agrandie par Valentinien, terminée par Théodose et Arcadius. Cette merveilleuse basilique d'une richesse inouïe, que nous décrirons peut-être en temps utile, avait traversé les siècles dans toute son intégrité, lorsqu'en 1823, un incendie violent la détruisit, causant pour l'art, l'archéologie et l'histoire, une immense et irréparable perte. Le pape Léon XII entreprit de la réédifier, ses successeurs ont continué et achevé l'œuvre et, grâce aux minutieuses descriptions qu'on en possédait, on a pu la reconstituer dans sa splendide et première intégrité.

V

LE CIMETIÈRE DE LUCINE.

En entendant les paroles de la jeune aveugle, le visage d'Apellès s'était éclairé d'un rayon de joie.

Dès qu'elle eut disparu :

— Partons, sans tarder, dit-il, de peur que de nouveaux obstacles surgissent sous nos pas ou que nous n'arrivions pas à temps pour assister aux saintes prières.

— Inutile de tant se presser, dit le vieillard, le cimetière n'est pas loin, la soirée n'est pas avancée, et c'est seulement vers le milieu de la deuxième veille[1] que tous les fidèles seront réunis pour la célébration des Mystères. Du reste, voici une inscription que je dois terminer ce soir.

(1) C'est-à-dire, vers dix heures et demie du soir, selon notre manière de compter les heures. Les Romains, après les Grecs et les Égyptiens, comptaient comme nous douze heures de jour et douze heures de nuit, mais leur première heure de jour correspondait à six heures du matin à nos horloges, leur sixième heure à midi et la septième à une heure après-midi. Ils partageaient les heures de la nuit en quatre parties égales qu'ils appelaient *veilles* ou vigiles. Chaque veille contenait trois heures. La première veille allait donc de six heures du soir à neuf heures, la deuxième de neuf heures à minuit, la troisième de minuit à trois heures, et la quatrième de trois heures à six heures du matin, selon notre manière de compter. Souvent, aussi, ils divisaient les douze heures du jour en quatre parties égales de la

En disant cela, le vieillard passait la main sur une plaque d'ardoise qu'il venait d'achever de graver, et, sur les caractères qui se voyaient à peine sur ce fond noir, il s'apprêtait à passer un ton de vermillon.

— Cette pierre n'est pas large ni longue, dit le jeune grec en l'examinant de près, elle ne peut couvrir même un *monosome*[1] d'enfant.

— Aussi, répondit Hilarius, est-elle destinée seulement à être encastrée dans le plâtre qui fermera l'entrée de la tombe. L'abondance des corps que l'on nous apporte journellement depuis quelque temps a rendu rares les grandes pierres dont nous pouvions disposer. Voyez-vous, dit le vieillard, en essuyant furtivement une larme, du revers de sa main calleuse et grise de poussière, nous travaillons sans relâche aux sépultures, nous creusons, nous taillons jour et nuit et nous ne pouvons qu'à grand peine suffire à la besogne présente. Combien n'en ai-je pas couché dans le tombeau, depuis plusieurs années! Des prêtres, des diacres, des fidèles, des vieillards, des jeunes gens, des enfants, et, parmi tous ces corps, combien d'affreusement mutilés par les supplices les plus variés et les plus atroces! C'est moi qui, avec l'aide de mes fils, ai creusé le tombeau du saint et bienheureux Pierre, après qu'on eut soigneusement lavé ses restes vénérables, avec du lait et du vin et qu'on les eut enfermés dans le sarcophage plein du miel de l'Attique et des parfums de l'Arabie....

Apellès, en entendant ces paroles, salua le vieillard avec respect.

---

même façon, et ces parties s'appelaient heures, de sorte que chaque heure de leur journée, dans ce cas, en représentait, en réalité, trois des nôtres. De là ces termes de Prime, Tierce, Sexte et None, que l'usage a conservés pour les offices du bréviaire et qui répondaient à six et neuf heures du matin, midi et trois heures du soir.

(1) *Monosome*, du grec μονος seul et σωμα corps ; le monosome était une fosse destinée à un seul corps ; parfois on enterrait deux corps dans le même tombeau qui prenait alors le nom de *bisome.*

— Vous êtes heureux, Hilarius, dit-il, d'avoir eu l'honneur insigne de rendre un tel devoir aux reliques illustres d'un si grand Saint! Et toutes ces pierres sont prêtes à être placées sur des tombes déjà creusées?

— Oui, les unes sont achevées et portent leur inscription définitive, les autres, comme vous le voyez, sont sur le chantier et offrent seulement une esquisse ou une ébauche d'épitaphe....

— En voici qui paraissent avoir déjà servi, remarqua le jeune homme, en désignant du geste deux dalles assez importantes dont une des faces était fruste, tandis que sur l'autre s'étalait une inscription en caractères majuscules :

— *Diis manibus!*[1] lut le jeune grec avec surprise, mais c'est une inscription païenne!

— Oui, dit Tranquillus, prenant la parole, nous l'effacerons. La pierre est belle et c'est mon frère Rusticus qui en a négocié l'achat à un carrier du Transtèvère qui entretient, répare ou supprime, selon les circonstances, les tombes païennes de la via Appia.

— Nous graverons de belles épitaphes sur leur envers, après les avoir polies, dit le vieil Hilarius, et ces pierres seront sanctifiées par les reliques des saints. Il est rare que nous tombions sur d'aussi belles pièces, aussi, nous les réservons pour les grandes circonstances. Leur place sera dans un *arcosolium*[2] ou dans une église pour décorer une *confession.*

(1) *Diis manibus — aux dieux mânes —* formule consacrée qui se plaçait en tête de toutes les épitaphes païennes, comme nous le voyons par les stèles et les urnes funéraires du musée du Louvre.

(2) L'*arcosolium* était une tombe qui se distinguait des autres par sa disposition ; tandis que, en général, les tombes ordinaires superposées en rangées le long des murs des galeries étaient closes à l'alignement même de ces murs, les *arcosolia* étaient des tombeaux voûtés figurant un renfoncement de cheminée orné de peintures à fresque. Il est permis de supposer qu'aux peintures près, dont l'usage, dans les catacombes, est probablement postérieur à Néron et inspiré par des temps plus pacifiques, on faisait, à cette époque même, des *arcosolia* pour distinguer certaines

— Je ne suis guère au courant des travaux que vous exécutez dans les cimetières, où je vais rarement, dit Apellès. Excusez mon ignorance, je fréquente plutôt le *Titre*[1] de la maison de Pudens que les souterrains du Vatican ou de la via Salaria. Aussi, vos explications, soit que vous me les donniez ici ou sur les lieux mêmes, me sont précieuses et m'intéressent au plus haut point.

— Je suis à votre service, dit le vieillard, pour vous faire visiter les cimetières en détail, dans un moment favorable.

—J'accepte votre offre avec reconnaissance; mais, n'est-il pas bientôt temps de partir? dit le jeune grec impatient, en jetant les yeux avec surprise sur un objet placé dans un coin sombre et qu'il ne s'attendait pas à trouver dans cette pauvre demeure.

Le vieillard remarqua son étonnement.

— Ah! s'écria-t-il, vous regardez le « chef-d'œuvre » de Rusticus. Sans flatter mon plus jeune fils, je puis lui rendre ce juste hommage, car il a réussi son œuvre en tout point.

Apellès s'approcha et examina de plus près l'objet. C'était une de ces horloges que les anciens appelaient des clepsydres et dont tout le mécanisme consistait dans l'écoulement pro-

tombes des autres, quoiqu'elles ne servissent pas d'autel ou confession, par la raison que les tombes destinées à cet usage devaient être isolées des murailles, pour permettre à l'évêque qui célébrait les Mystères de faire face au peuple, selon le rite observé, alors, dans les cérémonies du culte, comme on le verra plus tard, dans ce récit et ceux qui le suivront.

(1) On donnait le nom de *Titre* à toutes les églises secrètes où se célébrait le culte aux premiers siècles. Nous avons vu dans un précédent volume « LE GLAIVE ET LES CLEFS, » que S. Pierre avait activement travaillé à diviser la ville de Rome en paroisses, créant toute une administration ecclésiastique très sagement conçue pour un fonctionnement parfait. Beaucoup de maisons de chrétiens et celle de Pudens en particulier, possédaient un *Titre*, c'est-à-dire, un véritable centre paroissial régulièrement constitué, desservi par des prêtres et fréquenté par une classe déterminée de fidèles.

gressif et calculé d'une certaine quantité d'eau à travers un petit orifice, tandis qu'un flotteur, suivant l'abaissement graduel de la couche liquide, parcourait les degrés d'une échelle sur laquelle étaient inscrites les heures.[1]

— C'est le fruit de quelques loisirs, en des temps moins troublés, dit modestement Rusticus, il faut vraiment bien peu de génie pour réussir un instrument de ce genre.

— N'importe, dit Apellès, le cadran de la porte Capène peut à bon droit être jaloux, lui qui n'indique l'heure qu'au rayonnement du soleil. Je vois qu'en parlant de tant de choses aussi intéressantes, votre clepsydre a fidèlement marché et nous avertit que la deuxième veille est entamée largement.

Hilarius donna un dernier coup de son pinceau chargé de vermillon, sur les caractères de l'ardoise qui flamboyaient maintenant, pourprés et comme sanglants, à la rougeâtre lueur des lampes, puis, il déposa ses instruments sur son escabeau.

— Allons, dit-il, présentement, nous n'avons pas une longue route à faire.

Par précaution prudente, les quatre hommes se divisèrent en deux groupes.

Tranquillus et Rusticus partirent en avant, tandis que, derrière eux et d'assez loin, suivait Hilarius conduisant Apellès.

Ils traversèrent des rues pauvres et désertes, puis, longèrent des sentiers en pente douce bordés de vignes et d'oliviers dont le feuillage frémissait au vent du soir. Ils avaient atteint les pentes du Vatican et, déjà, se dessinaient à leurs yeux les frontons et les chapiteaux du temple d'Apollon.

____

(1) Il y avait des clepsydres beaucoup plus compliquées. Dans plusieurs, l'eau était remplacée par du sable ou du mercure. Déjà, deux cent cinquante ans avant notre ère, un nommé Ctesibus avait perfectionné ces instruments en y ajoutant des engrenages qui actionnaient des personnages, dont les gestes indiquaient les heures.

Mais le silence n'était plus profond ni la nuit complète. Par instants, des fanfares éclataient, sonores, redites par les échos de la colline, puis, des applaudissements et des clameurs, sortaient, comme en tempête, des jardins impériaux que d'étranges lueurs éclairaient par endroits, faisant monter vers le ciel des colonnes de fumée rougeâtre, sombre et grasse, dans des pétillements qui ressemblaient à ceux que fait la graisse en tombant sur les charbons ardents, tandis que le vent apportaient des bouffées d'odeurs de rôti.

Apellès regardait ce lointain et énigmatique spectacle avec une douloureuse émotion, et le vieux fossoyeur essuyait, de sa main tremblante, une larme qui mouillait sa paupière.

— Voilà les fêtes du monstre! s'écria-t-il, les réjouissances de Néron et les plaisirs de César! Voilà l'immense autel où sont immolées les paisibles brebis du Christ, aux acclamations d'une populace en délire! Et, chaque jour, quand ces flambeaux humains sont éteints, c'est au vieil Hilarius qu'on en apporte les affreux et vénérables débris, et le pauvre Hilarius les dépose dans le loculus d'un repos bien gagné et béni du Christ!

— Temps affreux! murmura Apellès, peuple plus affreux encore! O Hilarius! Rome déshonore son antique grandeur et souille sa gloire séculaire, et la Grèce, terre de noble liberté, patrie des mœurs les plus douces, est esclave de la Louve, comme la terre entière! Jésus-Christ, seul, peut rendre au monde ce qu'il a perdu et combler l'abîme d'abjection et de haine qui mugit sous nos pas!...

Pendant qu'ils parlaient ainsi, tout en continuant leur marche par des sentiers plus escarpés et plus sombres, une anfractuosité de rocher plus boisée leur déroba ce spectacle qui s'effaça à leurs yeux comme un cauchemar rapide qui s'éteint.

Dans le silence rétabli et la nuit, des ombres glissaient, furtives et pressées, se dirigeant toutes, venues de divers côtés, vers un même endroit que, maintenant, on voyait être un enclos de murailles peu élevées, au-dessus de la crête desquelles émergeait un toit de maison isolée.

— Ce sont, dit le vieux *fossor*, nos frères qui s'empressent vers le cimetière, dont l'entrée, comme vous le savez, est dans la maison de cet enclos.

— N'y en a-t-il pas une autre? demanda Apellès, comme rappelant un vague souvenir.

— Vous avez raison, dit Hilarius, il existe une autre entrée dissimulée, à quelques pas d'ici, dans un endroit peu accessible. Cette entrée est sans usage, présentement, mais elle a été ménagée, pour plus de sécurité et dans le cas trop prévu, hélas! où le *prœdium* serait envahi par les païens et l'escalier principal découvert. Dans cette éventuelle occurrence, c'est par cet escalier de dégagement que nos frères pourraient échapper à leurs ennemis.

Apellès hocha silencieusement la tête d'un air de doute.

— Pensez-vous, excellent *fossor*, dit-il, que la précaution soit suffisante?

— Quand vous connaîtrez mieux les cimetières, dit le vieillard, vous saurez que les moyens de déjouer une poursuite ne nous manquent pas. Le mode de construction du cimetière permet d'élever en quelques instants, entre nos frères et l'aggresseur, un mur infranchissable, et nous pourrions même, si cela n'était pas contraire à la loi de charité, murer, vivante, toute une légion dans ces tombeaux d'où elle ne sortirait plus jamais pour contempler la lumière du firmament.

En parlant ainsi, le vieillard avait, laissant à sa droite le *prœdium* clos de murailles, fait faire un coude à gauche à son compagnon, et, maintenant, ils se trouvaient devant un amas de rochers et de pierres branlantes entourés d'une végétation touffue de grenadiers et de myrtes mêlés d'arbustes plus sauvages.

Hilarius dérangea une pierre, moins lourde qu'on ne l'eut cru à première vue, et montra à son compagnon un étroit passage aboutissant à un trou béant.

— Voici l'entrée dont vous parliez, lui dit-il, laissez-moi prendre les devants et vous guider.

D'un pied sûr, le vieux *fossor* descendit quelques marches ; Apellès entendit le bruit sec d'un briquet et, un instant après, put apercevoir le vieillard tenant à la main une cire allumée dont la lueur blafarde lui fit voir les degrés étroits d'un rapide escalier qui s'enfonçait à pic dans le sol.

Avec précaution, il suivit son guide et tous deux pénétrèrent silencieusement dans la catacombe.

La profondeur du puits n'effraya pas le jeune grec, car cet escalier était semblable à celui dont il avait déjà descendu les degrés dans l'enclos du *prœdium*, lorsqu'il avait eu occasion de venir au cimetière pour assister aux cérémonies saintes.

Enfin, la descente s'arrêta sur un palier entouré d'allées étroites rayonnant en étoile autour de son enceinte exiguë.

A la lueur du flambeau porté par le *fossor*, Apellès vit les tombes des chrétiens superposées du haut en bas des parois, en rangs serrés et si proches qu'il eut été impossible d'utiliser l'espace disponible avec plus d'économie et de méthode parcimonieuse.

— Tous ces corridors sont déjà occupés de la semelle au plafond, dit Hilarius en élevant son flambeau à la hauteur de son bras. Ces galeries ne conduisent pas, comme on pourrait le croire, à des endroits déterminés, leur seul objet est de recevoir des tombes ; aussi, nous les comblons souvent par la terre dont nous ne savons que faire et qui, une fois retirée des nouveaux passages que nous creusons journellement, constitue un encombrement gênant. Voilà pourquoi je vous disais tout à l'heure, que nous avions toujours sous la main les éléments nécessaires à un changement immédiat du plan

Après avoir salué le vieux fossor et ses fils, elle disparut,
comme une ombre silencieuse, dans la nuit des étroits corridors. (P. 72.)

du cimetière, en cas d'alerte subite. Suivez-moi, voici l'allée par laquelle nous arriverons directement à l'église.

La galerie dont parlait Hilarius était un peu plus large que les autres, et deux personnes pouvaient y marcher de front sans se gêner mutuellement. Elle aussi était, du sol au plafond, entièrement garnie de tombeaux superposés ; à la lueur tremblottante de la cire, Apellès lisait les épitaphes concises, mais consolantes dans leur laconisme nécessaire.

Parfois, un point brillant fixait son regard, c'était une pièce de monnaie encastrée dans le plâtre ou le ciment et dont l'humidité n'avait pas encore terni le reflet métallique.[1]

Presque toutes les épitaphes étaient uniformes, la qualité seule du défunt, (enfant, vierge, confesseur, martyr, simple fidèle, prêtre, diacre, évêque,) en différenciait les termes. Point de peintures le long de ces murailles ; à peine quelques emblèmes ingénus ornant le coin des stèles et paraissant plutôt destinés à utiliser toute la surface disponible de la pierre.

C'était des cœurs symbolisant la charité et l'amour ; des ancres figurant l'espérance ; des colombes portant, parfois, l'olivier de la paix et, plus souvent, l'emblème du *poisson* figurant Jésus-Christ.[2] Nulle part, on ne voyait de croix et

---

(1) On a trouvé beaucoup de ces pièces de monnaie ainsi fixées dans le revêtement des tombeaux et c'est par elles que l'on a pu se convaincre que les catacombes existaient dès l'origine même de l'Eglise. Cette coutume était-elle un reste de l'usage païen de munir les morts d'une obole symbolique, ou avait-elle pour but de marquer les dates de la mort et de la sépulture ? On ne sait. Il n'était pas d'usage, en effet, dans l'Église primitive, de noter l'année de la mort des saints, mais, seulement, le jour du mois, pour la commémoration périodique de leur martyre, comme nous le montrent les épitaphes nombreuses des catacombes. La famille, seule, avait, sans doute, intérêt à faire une remarque de ce genre avec une médaille ou une monnaie.

(2) Voir la note concernant cet emblème dans le 1er volume : « LA PROMESSE ACCOMPLIE. » Le poisson se disait, en grec, Ιχθυς et chacune des lettres composant ce mot étaient, dans la symbolique chrétienne des premiers siècles, autant d'initiales commençant cinq mots grecs signifiant : JÉSUS-CHRIST, FILS DE DIEU SAUVEUR.

encore moins de dessin ou peinture représentant Jésus crucifié.[1]

La galerie principale se poursuivait, droite et bien tracée; un soin particulier avait présidé à son aménagement, la semelle et la voûte, bien à angle droit, lui donnaient un aspect qui flattait l'œil, malgré la tristesse inhérente à ce séjour d'ombre et de silence.

De distance en distance, des arcades en pierre consolidaient le souterrain, quoiqu'à première vue, la nature et la disposition de la roche parûssent donner des garanties de stabilité inébranlable.

Cependant, le fond du souterrain s'éclairait de points d'or, les uns fixes, les autres voyageurs, et, maintenant, dans le lointain, encore ouatées par la distance et fondues dans les multiples échos, des résonnances harmonieuses qui arrivaient jusqu'aux oreilles des fidèles, modulées dans un rythme lent et grave, tantôt faibles comme un murmure parlé, tantôt explosives comme un brusque fracas de tempête.

On entendit une voix grave et forte qui chantait :

« *Qui me confessus fuerit coram hominibus, confitebor et ego eum coram Patre meo!*[2]

Et le chœur répondait, dans un solennel ensemble :

(1) Ce n'est que beaucoup plus tard, en effet, que la croix a commencé à figurer dans les catacombes, comme emblème décoratif. Elle était, d'abord, confondue dans un monogramme, dont les parties accessoires successivement éliminées par les peintres et les graveurs, ne laissèrent subsister, à la longue, que ses lignes principales; encore, n'était-ce qu'une croix grecque; la croix dite « latine » n'apparaît que plus tard encore. Quant à la représentation du Christ en Croix, les premiers chrétiens avaient, à la peindre, une répugnance manifeste, autant par respect pour ce mystère de douleur que, parce que, sans doute, ce mode de supplice était journellement employé à Rome, qu'il était spécialement noté d'infâmie et que sa figuration, dans un but précis de culte, eut pu exciter le scandale des faibles et augmenter le mépris des païens.

(2) « *Celui qui m'aura rendu témoignage devant les hommes sera reconnu par moi devant mon Père.* »

« *Qui sequitur me, non ambulat in tenebris; sed habebit Lumen vitæ, dicit Dominus!*[1]

En ce moment, Hilarius, élevant son flambeau, montra au jeune grec une galerie latérale s'ouvrant sur celle qu'ils suivaient.

— C'est ici, lui dit-il, que se feront ce soir les *dépositions* d'aujourd'hui.

Apellès vit, à la lumière de la cire, une quantité de *loculi* de la dimension d'un corps, creusés dans les parois et montrant, béantes, leurs sombres ouvertures, tandis qu'à quelque distance, un amas de sable, de chaux, de ciment et de tuiles, attendait qu'on les utilisât pour la clôture des tombeaux où l'on allait coucher les saints.

Hilarius s'avança dans la petite galerie et déposa dans un coin la plaque d'ardoise teinte en vermillon qu'il avait apportée avec lui.

Ce fut alors qu'Apellès vit deux hommes qui travaillaient silencieusement, au fond du souterrain.

Il reconnut les fils du *fossor*, Tranquillus et Rusticus, arrivés avant lui et déjà à l'ouvrage.

— Vous connaissez, maintenant, le chemin pour aller à l'église que vous trouverez au bout de la galerie, dit le vieux *fossor*, mais, quoi qu'il arrive, n'oubliez pas la pauvre maison d'Hilarius au Transtévère et souvenez-vous que vous y avez des amis dévoués. La paix soit avec vous, Apellès.

— Et avec ton esprit! répondit le jeune grec.

Hilarius prit, dans le creux d'un loculus, une lampe d'argile, l'alluma et la tendit au jeune homme.

Celui-ci la reçut et se dirigea, d'un pas assuré, vers le fond du souterrain où se continuaient les chants, parmi le vacillement des lumières.

____

(1) « *Celui qui me suit, ne marche pas dans les ténèbres, mais il sera illuminé de la Lumière de vie, dit le Seigneur.* »

VI

L'ASSEMBLÉE DES FIDÈLES.

A mesure que le jeune homme approchait, les chants et les lumières devenaient de plus en plus distincts. Cependant, à sa place, un étranger se fût fait illusion sur la position réelle de l'église. La galerie, en effet, se continuait, droite et longue, sans offrir aux yeux la perspective directe de l'église. Seulement, à une courte distance, on eut pu croire que cette galerie était croisée par une autre dont les deux tronçons resplendissaient obliquement de clartés nombreuses.[1]

C'était là, le lieu de l'assemblée; non pas une galerie, mais deux salles d'assez grandes dimensions séparées par l'allée principale qui restait libre pour le va-et-vient des fidèles, et garnies d'autant de tombeaux encastrés dans leurs murs, que les corridors du cimetière.

Quand le jeune homme arriva en ce point, il avait à sa

---

(1) Ces descriptions ne sont pas fantaisistes. La description de cette église, notamment, est faite d'après le plan d'une église découverte dans le cimetière de Sainte-Agnès. Il est probable que, dès la première persécution, on a songé a aménager des églises dans les cimetières, et l'absence de variété que l'on remarque dans les monuments des catacombes, à travers les siècles, permet de croire que ce type d'église est aussi primitif que possible.

droite, un vaste cubiculum ou grande chambre taillée en plein dans la pierre, et dont les murs n'avaient d'autres ornements que des demi-colonnes prises dans la masse et rompant la monotonie rectiligne des parois. Là, des femmes en grand nombre étaient prosternées pour assister à la célébration des divins Mystères.

A sa gauche, s'étendait une autre chambre de dimensions sensiblement égales à la première; elle était, dans sa partie antérieure, réservée aux hommes, et une arche de pierre la séparait conventionnellement de la partie du fond, garnie de bancs latéraux pour le clergé, tandis que le premier Pasteur présidait, assis sur un trône occupant le fond du cubiculum.

Devant lui et isolé au milieu du sanctuaire, un autel de bois portatif était placé, fait de simples planches de sapin et sans autre ornement qu'une croix peinte sur le devant.[1]

Cet autel, quel chrétien ne le connaissait pas? C'était l'autel même de Pierre, celui sur lequel il avait tant de fois offert à Dieu le Sacrifice de gloire et de propitiation pour son peuple. Rien d'autre ne se voyait sur cet autel recouvert d'une nappe de fin lin, éclatante de blancheur, que le livre contenant le saint Évangile et les vases qui devaient servir à l'oblation du divin sacrifice; des lampes, placées sur des colonnes tronquées, éclairaient la cérémonie.[2]

Des mains pieuses avaient tressé des guirlandes de

(1) Cet autel de S. Pierre existe encore à Rome, c'est l'autel papal de la basilique de S.-Jean de Latran. Le pape seul a le droit d'y célébrer. Un cardinal peut y officier à sa place, mais, seulement, en vertu d'une bulle spécialement rédigée, pour la circonstance, par le pape. L'église de Ste-Pudentienne possède un fragment important de cet autel.

(2) Les cierges, tels que nous les connaissons, n'étaient pas connus, à cette époque. On se servait, il est vrai, de cires, mais les mèches en étaient si grossièrement tissées et la fumée qui s'en dégageait était tellement épaisse, qu'on ne pouvait s'en servir dans des endroits aussi peu aérés que les cimetières souterrains.

fleurs qui, mêlées à des palmes vertes, décoraient l'entrée du sanctuaire.[1]

Le Souverain Pontife Lin officiait, en personne, au milieu d'une foule de prêtres et de diacres et d'une grande affluence de fidèles.

Apellès prit place parmi les hommes, non sans avoir reconnu, d'un petit signe, au premier rang des femmes, sa sœur Lucia avec qui il devait se rencontrer après la cérémonie.

Saisissant était le spectacle qui s'offrait aux yeux, dans ce sanctuaire perdu dans les entrailles de la terre, à cette heure solennelle où l'Église du Christ, rassemblant pieusement ses membres mutilés, chantait la mélopée triste des funérailles, entremêlée d'accents de triomphe et de sainte joie sur ces restes glorieux.

Ils étaient là, étendus par terre sur des tapis précieux, les corps des combattants sublimes qui avaient donné leur vie sur le champ de bataille du grand combat, contre le prince de ce monde et ses cruels suppôts.

Ce jour-là, huit martyrs attendaient que les mains pieuses de leurs frères les déposassent sur le lit de leur sommeil dernier.

Celui-ci portait, dans la mort, le costume des prêtres de Jésus-Christ, dissimulant les affreuses blessures de son corps déchiré par les ongles de fer, disloqué par les chevalets; l'ample chasuble, coupée par la longue étole, ne laissait voir que la tête épargnée par les bourreaux et resplendissante de

---

[1 L'usage des fleurs sur les autels, comme, du reste, de tout ce dont on les charge aujourd'hui, n'est pas contemporain de l'époque des catacombes. Lorsqu'on paraît l'église de fleurs pour les solennités, on les effeuillait sur le seuil ou on les tressait en guirlandes qu'on accrochait aux parvis et aux portiques; du moins, c'est ce qu'exprime ce vers de S. Grégoire de Tours :

« *Spargite flore solum, prætextite limina sertis !* »

« Semez de fleurs le seuil, ornez-le de guirlandes. »

Cet usage remontait-il aux premiers temps? Il est permis de le supposer.

la calme majesté d'une mort sainte et triomphale; les mains étaient jointes sur la poitrine, et, à ses côtés, une longue palme verte attestait, en compagnie d'une fiole de verre pleine de sang, la qualité du martyr.

A côté, une jeune vierge, docile à la voix de l'Époux qu'elle était allée rejoindre sans regrets au Ciel, montrait ou, plutôt, laissait deviner sa forme juvénile sous les amples vêtements blancs, tandis que, sur sa tête ornée du voile symbolique, une couronne exhalait le parfum de ses fleurs. Vierge et martyre, la fiole de sang, la palme et les lys veillaient sur son sommeil.

De celui-ci, la tête tranchée, en sa qualité de citoyen romain, sans doute, apparaissait exsangue et marmoréenne sur les fortes épaules d'un corps qui portait le vêtement des soldats.

De ces autres, les restes informes carbonisés sur les grils ou les chaises de fer ou sous la tunique de poix ardente qui en avait fait des flambeaux pour les jardins de César, étaient entièrement enveloppés dans des linceuls de fine toile recouverts eux-mêmes d'une couche de chaux[1] et d'un drap plus épais, précaution nécessitée par l'état des corps qui n'avait même pas permis de trouver une goutte de sang pour la fiole traditionnelle. Des palmes vertes les accompagnaient aussi.

Auprès de chaque corps, un parchemin portait les indications à l'aide desquelles Hilarius et ses fils composeraient

____

(1) On a trouvé, dans les catacombes, des corps enfermés entre deux toiles contenant de la chaux. Nous savons que les premiers chrétiens n'étaient pas dans l'usage d'activer la décomposition des cadavres par aucun moyen artificiel et, qu'au contraire, ils avaient plutôt tendance à en prolonger la conservation par des substances aromatiques, comme Tertullien en fait foi lorsqu'il dit, que les seuls chrétiens consomment plus de parfums pour leurs morts que l'empire Romain tout entier n'en emploie pour ses dieux. Il paraît vraisemblable qu'on se servit de la chaux, par nécessité, lorsque la décomposition des corps était trop avancée, par suite du genre de supplice subi ou pour toute autre cause.

l'épitaphe, dont les notaires inscriraient la substance pour la commémoration canonique de leur martyre.[1]

Tandis que les diaconesses[2] veillaient au maintien de l'ordre dans la partie réservée aux femmes et près des portes qui y donnaient accès, que les portiers remplissaient le même office parmi les hommes, que les acolytes prenaient soin du luminaire, de l'encens, des aiguières à purifier les mains et des burettes contenant l'eau et le vin, pendant que les sous-diacres recevaient les oblations des fidèles et les disposaient sur l'autel, que les clercs se préparaient à la lecture des saintes Écritures et que les diacres, attentifs, se tenaient prêts à assister le pontife officiant,[3] après les prières préliminaires, le sacrifice auguste commença.[4]

« *Introibo ad altare Dei. In Nomine Patris et Filii et Spiritus Sancti,* » psalmodia le saint pontife Lin, auquel toute l'assemblée des fidèles répondit, en continuant le chant, du psaume préliminaire du Sacrifice.

Un silence se fit, puis, le *Kyrie eleison* fut entonné par les voix claires des jeunes acolytes.

---

(1) Le terme *canonisation* vient de l'usage dans lequel étaient les premiers chrétiens de faire mémoire des saints et des martyrs au *canon* de la messe. Leurs noms étaient inscrits sur des listes qu'on appelait *dyptiques* et que le diacre récitait à ce moment du saint Sacrifice. Il y avait trois dyptiques : celui des martyrs, celui des fidèles morts dans la grâce et celui des personnes vivantes qui, par leurs vertus méritaient cette mention solennelle. Saint Jérôme nous apprend que le dyptique des vivants dut être supprimé, pour ne pas les exposer à une tentation d'orgueil, en s'entendant nommer par le diacre.

(2) Il sera donné, en temps voulu, des renseignements sur l'ordre des diaconesses et leur rôle dans la primitive Église.

(3) D'après saint Optat, à qui nous empruntons cette nomenclature explicative des ministres et de leurs rôles particuliers.

(4) Nous ignorons comment on célébrait la messe, aux temps apostoliques. Si le fonds de cette auguste cérémonie est resté le même, la forme en a considérablement été modifiée et augmentée, à travers les siècles. Nous nous bornons, ici, à la représenter comme se la sont figurée la plupart des auteurs ecclésiastiques qui se sont occupés de l'obscure question des antiquités liturgiques.

— Seigneur! ayez pitié de nous! répéta la foule des fidèles; Christ! ayez pitié de nous! chantèrent les supplications du peuple chrétien.

Alors, les clercs ouvrirent leurs parchemins et lurent dans l'ancien et le nouveau Testaments quelques passages des prophètes et des épîtres de Paul.[1]

Quand ils eurent terminé, un diacre s'avança près du peuple qui se tenait debout et lut le récit évangélique de la résurrection de Lazare, par le Seigneur.

Pendant ce temps, le saint pontife Lin s'était avancé, lui aussi, escorté par ses vicaires, et, quand le diacre eut terminé sa lecture :

— Que le Seigneur soit avec vous! dit Lin avec onction.

— Et avec ton Esprit! répondit le peuple chrétien.

Et le successeur de Pierre expliqua le sens mystique de l'Évangile, aux fidèles attentifs.[2]

Pendant qu'il regagnait son trône pontifical, un diacre s'avança et, regardant le fond de l'église, percé d'une ouverture pratiquée sur une troisième salle que desservait une galerie qui communiquait avec le grand corridor :

— *Recedant catechumeni et non initiati!* dit-il, tandis que le Pontife, revenu à sa place, étendait les mains dans cette direction, en prononçant des paroles bénissantes.[3]

Alors, la messe des fidèles commença.

— Que le Seigneur soit avec vous! dit le saint Pontife.

— Et avec ton Esprit! répondit le chœur des fidèles.

Et il bénit les dons ou eulogies, déposés sur l'autel et

(1) Comme cela se fait, encore, à l'office du Vendredi-Saint et aux messes des Quatre-Temps, réminiscence des anciens usages.

(2) Ce n'est qu'après SS. Augustin et Jean Chrysostome que les simples prêtres purent faire l'homélie jusque-là réservée exclusivement à l'Évêque, lorsqu'il présidait la cérémonie.

(3) « *Que les catéchumènes et les non initiés se retirent.* » Ce nombre comprenait les non baptisés, les pénitents et les excommuniés sollicitant le pardon.

composés de pain et de vin dont une partie allait être distribuée par les ministres inférieurs, à titre de consolation, aux catéchumènes, tandis que l'autre part serait répartie entre les fidèles, après le sacrifice.[1]

Puis, le saint Pape, debout devant l'autel, s'écria :

— IL EST VRAIMENT JUSTE, ÉQUITABLE ET SALUTAIRE, QU'EN TOUS LIEUX ET TOUJOURS, NOUS TE RENDIONS GRACES, SEIGNEUR SAINT, PÈRE TOUT-PUISSANT ET DIEU ÉTERNEL, QUI, AVEC TON FILS UNIQUE ET LE SAINT-ESPRIT N'ÊTES QU'UN SEUL DIEU ET UN SEUL SEIGNEUR, NON EN NE FAISANT QU'UNE SEULE PERSONNE, MAIS TROIS EN UNE MÊME SUBSTANCE. NOUS CONFESSONS TA VÉRITABLE ET ÉTERNELLE DIVINITÉ; ET, DANS CHACUNE DE TES PERSONNES, ET DANS L'ESSENCE DE TON UNITÉ, NOUS ADORONS UNE MAJESTÉ ÉGALE, AVEC LES ANGES ET LES ARCHANGES, LES CHÉRUBINS ET LES SÉRAPHINS QUI NE CESSENT DE PROCLAMER LES LOUANGES DE TA SAINTETÉ![2]

Et le diacre, au *Memento*, lut les dyptiques.

Le Pontife, alors, offrit le pain et le vin en prononçant « les paroles consécratoires du pain eucharistique et du calice de bénédiction que nul Saint ne nous a transmises dans ses écrits, brève tradition orale des Apôtres et des Évangélistes, avant et après lesquelles la foi des âges a ajouté d'autres paroles, comme pour les encadrer de plus de vénération et de solennité.[3] »

(1) Telle est l'origine du pain bénit.

(2) C'était la *préface*, qu'on appelait aussi *contestation*, parce qu'elle était un solennel hommage rendu au principe même de la Foi. La préface remplaçait, alors, le *Credo*, qui n'a été introduit dans l'office que plus tard, pour protester contre les hérésies. On a commencé à le réciter en Orient et en Espagne au VI⁰ siècle, et Rome n'a adopté cet usage que sous Benoît VIII au commencement du XI⁰ siècle. (Baronius.)

(3) Opinion de S. Basile de Césarée qui affirme que le canon de la messe est de tradition pure et n'a jamais fait l'objet d'une modification, depuis les Apôtres, contrairement à quelques auteurs qui ont pensé que nous le devons, dans sa forme actuelle, à S. Jérôme, au pape Damase ou au pape Siricius qui vivait à la fin du IV⁰ siècle.

— CECI EST MON CORPS! prononça le Pontife sur le pain ; CECI EST LE CALICE DE MON SANG, DU NOUVEAU ET ÉTERNEL TESTAMENT, (MYSTÈRE DE FOI!) QUI SERA RÉPANDU POUR VOUS ET POUR LA RÉMISSION DES PÉCHÉS D'UN GRAND NOMBRE.

—*Amen!* répondit l'assemblée d'une seule voix, en témoignage de sa foi au mystère de la transubstantiation.

Puis, le Pontife récita l'Oraison Dominicale et les diacres distribuèrent le pain et le vin du sacrifice auguste, aux assistants.

Une dernière fois, le Pontife appela, sur les âmes des fidèles, la grâce du Seigneur et bénit l'assemblée.

Le sacrifice était terminé.

Dans le parfum des encensoirs portés par les acolytes thuriféraires, de nouvelles prières commencèrent, alors, autour des corps des martyrs, puis, en bon ordre la procession se forma, portant au sépulcre ces restes vénérés, parmi le chant des psaumes qui, tantôt pleuraient les tribulations de la vie, tantôt chantaient la protection du Seigneur et célébraient l'inébranlable confiance en Dieu!

« *In pace, in idipsum, dormiam et requiescam!* [1] » chantait une voix vibrante.

« *Quoniam tu Domine singulariter in spe constituisti me!* [2] » répondait le chœur des fidèles avec ensemble.

Bientôt, on arriva à la galerie, où, Hilarius et ses fils attendaient les corps, pour leur déposition. Les porteurs s'arrêtèrent et chacun des martyrs, avec les bénédictions du Pontife, fut placé dans le loculus qui lui était destiné, par le soin du fossor et de ses aides.

Puis, lentement, discrètement, les lampes disparurent, .

(1) « *Je dormirai en paix et je jouirai d'un repos éternel.* » (Ps. iv, 9.)

(2) « *Parce que vous m'avez, Seigneur, affermi dans une solennelle espérance.* » (Ps. iv, 10.)

dans le lointain des corridors, et les fidèles, un à un, remontèrent à la lumière des étoiles pour regagner, silencieusement, leurs demeures, à travers les rues désertes de la Rome de Néron endormie entre la lassitude du plaisir et des affaires et l'ivresse encore tiède du sang répandu.

VII

LE FRÈRE ET LA SŒUR.

Cependant, tous n'étaient pas partis et, près des tombes nouvelles, à la fermeture desquelles travaillaient Hilarius et ses fils, deux ombres étaient restées, portant, chacune, la lampe d'argile à la frêle lueur, décorée de la silhouette mystique du poisson symbolique.

C'était Apellès et Lucia.

— Chère sœur, dit le jeune homme, je bénis le Seigneur d'avoir permis que nous nous rencontrions, ce soir. Sans la bonne Julia, fille du digne fossor Hilarius que voici, avec ses fils, occupé à sceller ces tombeaux, peut-être aurais-je couru de sérieux dangers. Depuis longtemps, en effet, je me pressentais un ennemi caché; aujourd'hui, cet ennemi s'est dévoilé et je viens te demander d'accéder à ma prière et de quitter cette Rome, où, chaque jour, coule, à flots, le sang des saints, pour retourner dans notre patrie, pratiquer, en paix, nos croyances, sous le ciel clément et harmonieux de la Grèce. Tu le peux, puisque rien ne t'attache plus à Rome, que la noble Pomponia qui t'a rendu la liberté vient de mourir dans la paix du Seigneur et que la bonne matrone Aurélia, avec qui tu as voulu vivre, en cette ville, après la mort de notre Lucine, ne saurait vouloir contrarier aucun de tes légitimes désirs.

— Je ne m'oppose pas à ton désir, mon cher frère, répondit Lucia ; on peut vivre et servir Dieu partout et, dans cette Athènes qui a entendu la voix du grand Paul, il y a, comme ici, des églises et des fidèles de Jésus-Christ. Mais, aurons-nous tout gagné en fuyant Rome ? Est-ce que Rome n'est pas aujourd'hui partout, avec sa domination, sa cruauté et ses vices ? Si la Grèce était libre ! Mais la Grèce est esclave !.... Esclave de César !.... que la volonté de Dieu soit faite et que sa main conduise notre destinée !

— Dieu vous conduira, noble Lucia, dit Hilarius qui avait entendu ces paroles, sa Providence ombragera vos pas.

La jeune fille secoua la tête.

— Qui sait, dit-elle, Hilarius, si, quelque jour prochain, vous ne me rendrez pas le même devoir que vous rendez à ces restes glorieux ?

— Plaise à Dieu qu'il n'en soit pas ainsi, noble Lucia, dit le fossor, en essuyant une larme avec sa main rude, mon vieux cœur a beau être endurci par cette occupation journalière qui est ma vie, j'ai beau songer à la gloire immortelle et au bonheur sans fin de ces vaillants soldats de notre Christ et Seigneur et à la magnifique splendeur de leur couronne, mon cœur est déchiré, chaque fois que j'ouvre ces murailles pour y creuser ces *loculi*, chaque fois que, sur ces *cubicula*, je couche dans le repos de la tombe ces restes vénérables. Passe pour des vieillards, passe pour des hommes qui ont déjà peiné et souffert sur le chemin de la vie aux multiples épines ! mais, des jeunes gens ! des vierges tendres et jusqu'à des enfants ! quelle mesure que celle du Seigneur ! quelle impénétrabilité que celle de ses voies ! quelle infâme cruauté que celle de ce monde sans entrailles qui se baigne sans pudeur dans le sang des plus frêles enfants de Dieu, et auquel ne suffit pas le sacrifice des athlètes de la foi! Non, Lucia, Dieu ne permettra pas cela!

— C'est que je n'en serai pas digne, murmura la jeune fille, autrement, toutes les joies de la jeunesse présente ne valent pas les splendides douceurs de la jeunesse éternelle des vierges dont le Christ est la couronne qui ne se flétrira jamais.

— Chère sœur, dit Apellès, promets-moi seulement que tu ne commettras aucune imprudence et que tu me permettras de faire ce qui sera nécessaire pour régler, ici, nos affaires temporelles et nous préparer à Athènes, notre patrie, une vie sainte mais moins mouvementée que celle de Rome.

— Je te le promets sans difficulté, Apellès, mon intention n'est pas de courir au-devant du martyre, car, je n'oublie pas que nos pasteurs nous recommandent, sans cesse, le contraire, en nous invitant, selon la parole même du Christ, à avoir, en même temps que la simplicité de la colombe, la prudence du serpent. Le reste sera à la volonté de Dieu. De quelles affaires parles-tu?

— C'est pour te l'expliquer que j'ai voulu te voir, ce soir, en cet endroit sûr. Sache donc que j'avais confié à Diomède le banquier, avant ma conversion,[1] une somme assez importante et que Diomède, lui-même, avec mon consentement, l'avait confiée, à son tour, au marchand Tyrœnion qui fait le trafic sur mer. Je croyais cette petite fortune anéantie, le bruit ayant couru que des pirates avaient capturé les vaisseaux du marchand avec leurs cargaisons, mais, voici, qu'au contraire, Tyrœnion a fait de bonnes affaires et Diomède me doit des comptes que je vais lui réclamer. Nous laisserons à l'église de nos frères de Rome une partie de cette somme pour que Dieu nous bénisse et, avec le reste, nous ferons voile

______

(1) Cette conversion a été rapportée dans le volume précédent « LE GLAIVE ET LES CLEFS. »

pour la douce Hellénie, afin de revoir, après une longue absence, ce ciel de Grèce que nous avons quitté d'une façon si malheureuse, toi infortunée, moi coupable. Je vais m'occuper promptement de ces choses et je te reverrai, ici, chaque fois qu'il sera nécessaire, pour te tenir au courant de ce qui nous intéresse.

— Je me fie complètement à toi, cher Apellès, répondit Lucia avec douceur, et, si c'est la volonté de Dieu, tu n'auras qu'à te louer de ma docilité et de mon obéissance. Mais, voici que la troisième veille de la nuit est sur le point de se terminer, n'est-il pas temps de nous séparer, afin que je retourne chez la bonne Aurélia et toi à ta maison de la voie Nomentane qui n'est pas près d'ici ?

— Oui, mais, ne t'ai-je point trop retardée et ne courras-tu aucun danger, Lucia ?

— Aucun, je l'espère, la diaconesse Aurélia m'attend ici même, car elle a dû rester pour vaquer, dans l'église, à quelques occupations d'ordre qui sont de sa charge. Je vais la rejoindre. Adieu, Apellès.

Ce disant, la jeune fille raviva la lueur de sa lampe avec la petite tige de fer qui servait à cet usage et, après avoir salué le vieux fossor et ses fils, disparut, comme une ombre silencieuse, dans la nuit des étroits corridors.

— Chers amis, dit à son tour le jeune grec, au fossor et à ses deux fils, reprendrons-nous ensemble le même chemin qui nous a amenés ici, ou dois-je m'orienter vers les passages qui conduisent à la sortie, par le prœdium de Lucine ?

Le vieillard était occupé à sceller, sur une des tombes, la plaque d'ardoise dont il avait passé l'inscription, tantôt, au vermillon. Il donna un dernier coup de truelle sur le ciment bien lissé, tira de sa poche une obole qu'il fixa dans le mortier et répondit :

— J'ai fini pour cette nuit, seigneur Apellès, et mes fils qui vont rester ici, feront le reste, nous remonterons ensemble sur la terre, et je vous mettrai dans votre chemin, si vous le voulez.

Apellès y consentit et, bientôt après, tous deux cheminaient, tenant, chacun, leur lampe, vers le rude et étroit escalier qui les ramena au-dessus du sol.

Déjà, les étoiles pâlissaient au ciel, et des bandes plus claires, sillonnant l'horizon de l'orient, annonçaient les splendeurs imminentes de l'aurore.

———∞∞◈∞∞———

DEUXIÈME PARTIE

I

Julia, après avoir quitté, en hâte, comme nous l'avons vu, la pauvre maison de son père, au Transtévère, s'était empressée de reprendre la route du Vélabre où elle espérait arriver sans encombre, son principal ennemi étant, comme il l'avait dit, en train de goûter les délices du bain, chez Calpurnius.

Bientôt, en effet, d'un pas assuré par la merveilleuse finesse des aveugles, elle reconnut, d'un attouchement léger, le portique de la maison d'Ulpianus.

Doucement, elle se faufila, glissant, légère, sur la mosaïque du *salve*, pour ne pas être aperçue du portier éthiopien dont la rude voix lui faisait peur et qui ne manquait jamais, lorsqu'il la voyait aller et venir, de la railler sur sa douceur timide et sur son infirmité.

Mais le cerbère l'avait vue.

— Holà! cria-t-il, d'où viens-tu, encore, à cette heure, vagabonde? Tu mériterais de faire connaissance avec l'ergastule ou les étrivières![1]

---

[1] L'ergastule était une prison particulière où l'on enfermait les esclaves indo

Mais Julia, toute tremblante de cette apostrophe faite d'un ton haineux, ne s'en épouvanta pas et se faufila, à travers l'atrium, vers le péristyle par où l'on accédait aux communs où elle logeait, avec les autres esclaves de son sexe.

Elle savait, en effet, que, si le portier éthiopien était un bourru personnage qui eut pu lui inspirer de la crainte, si Vultur était un débauché et un misérable, capable de tous les crimes, Ulpianus un de ces hommes pour lesquels une esclave ne compte pas, en revanche, elle avait, depuis long-temps, trouvé protection auprès de la femme du préteur, la matrone Cornélia, qu'elle ne désespérait pas d'amener, un jour, dans le troupeau de Jésus-Christ.

Julia avait promptement reconnu, en cette femme, un terrain favorable à la bonne semence de la Foi et, faisant taire en elle, cette fois, avec énergie, les conseils d'une fausse prudence, sans, pour cela, se proclamer chrétienne, elle avait insinué, peu à peu, dans l'esprit cultivé de la matrone, les idées préparatoires à ce grand changement.

Julia, cependant, n'était pas une philosophe ni une savante; fille de pauvres ouvriers, elle n'avait que la plus élémentaire de toutes les instructions, mais la Foi et l'éducation chrétiennes avaient versé en elle cette science et cette philosophie de Dieu qui, dans sa simplicité et sur les lèvres mêmes des plus humbles, sait si victorieusement faire échec à toutes les sciences et à toutes les philosophies humaines.

La matrone n'était pas de ces altières et cruelles romaines pour lesquelles les esclaves étaient des animaux de charge et de souffrance, sans âme, que l'on donnait, avec le seul regret de la somme qu'ils avaient pu coûter, en pâture aux murènes des *vivaria*, pour une faute légère ou un simple caprice du maître, ou, dans la chair desquels on enfonçait des

ciles, pour leur faire subir des travaux pénibles. Les étrivières étaient des sortes de fouets, pour les châtier.

épingles de toilette lorsqu'ils avaient frisé de travers une boucle de cheveux rebelle.

Elle eut, de ce chef, constitué dans cette société romaine une curieuse exception, si sa conduite passée eut été, sur ce point, conforme à ses mœurs présentes.

Mais, il n'en était rien ; elle avait été, jadis, aussi dure, aussi cruelle, aussi inhumaine que toutes ses contemporaines.

La cause de sa douceur présente était factice et avait sa source dans une de ces révolutions qui, en frappant la santé humaine, semblent, souvent, briser le ressort des passions, dans un corps éprouvé par la maladie.

Or, la maladie dont souffrait Cornélia était étrange et le dieu Esculape, lui-même, en son temple d'Epidaure n'avait pu lui donner que les conseils ironiquement ambigus et cruellement stériles de son trépied ignorant et menteur.

Les plus célèbres médecins de Rome et de la Grèce avaient été, tour à tour, consultés sans aucun fruit.

Presque délaissée par Ulpianus, son mari, peu satisfaite du caractère et des actions de son fils Vultur, en vertu de cette attraction et de cette sympathie involontaires que la souffrance ressent pour la souffrance, Cornélia, séduite par la douceur, l'adresse et la soumission de son esclave aveugle, en avait fait sa confidente, presque une compagnie dans sa solitude rendue plus profonde par son dégoût du monde et du bruit qui ajoutaient aux souffrances de sa langueur.

Ulpianus et Vultur connaissaient cette affection de la matrone Cornélia pour la jeune aveugle, mais ils étaient trop occupés, l'un par sa charge de préteur, l'autre par ses débauches et ses calculs avides, pour y prendre garde autrement qu'en la ménageant plus que les autres, ce dont la fine Julia profitait largement pour servir Jésus-Christ et ses frères chrétiens.

La charge de préfet du prétoire dont était revêtu Ulpianus, n'était pas une sinécure à Rome, surtout en temps de persécution. Des hommes exceptionnels, seuls, pouvaient en être revêtus, car elle exigeait des qualités atroces que, même dans cette société sans âme, on ne trouvait pas tous les jours ni en tous.

Cette charge était, du reste, de création récente.

Inconnue des mœurs austères de la République, il avait fallu l'arrivée à Rome de la peste impériale pour lui permettre d'éclore et de prospérer sur un fumier convenable. L'empereur Tibérius l'avait créée. Elle s'était rapidement développée au point, non seulement d'englober la puissance civile, mais encore d'empiéter sur les attributions de la puissance militaire. Souvent, même, un préfet du prétoire jugeait en dernier ressort les affaires criminelles les plus importantes.

Les tigres despotes revêtus de la pourpre impériale, suant l'horreur et la férocité par tous les pores, exigeaient des préfets du prétoire une cruauté égale à la leur et un cœur tellement endurci que, par aucun endroit, il ne pût être accessible à la pitié.

Rien, dans le spectacle de la justice moderne, en nos pays civilisés et européens ne peut donner une idée de l'atmosphère sanglante dans laquelle devait vivre l'homme revêtu de ce redoutable mandat.

Assis, dès l'aube, sur sa chaise curule, il voyait défiler à sa barre les accusés les plus divers auxquels, par son ordre et sous ses yeux, les bourreaux appliquaient, sans se lasser, la torture, sans pitié pour la tendre jeunesse des femmes et des enfants, et pour la faiblesse vacillante des vieillards.

Et, pendant que leurs membres se tordaient sous les ongles de fer, crépitaient sur les brasiers des chaises ardentes, craquaient dans l'écartement féroce des chevalets, saignaient sous les verges ou les fouets faits de lanières plombées, que leur gorge râlait, dans les plus atroces agonies, tranquille il lui fallait diriger avec calme les interrogatoires, recueillir les aveux et rendre la « justice de César. »

Et, quand l'heure des repas, de la sieste ou du sommeil de la nuit.avait sonné, le juge devait manger et dormir comme un homme qui a bien employé son temps et qui sent le besoin de réparer ses forces amoindries par le travail.

Aucun trouble ne pouvait entrer dans son âme, l'intérêt de César, lui-même, le lui défendait, car les biens des condamnés appartenaient à César, par la confiscation légale qui suivait toute condamnation, et l'avidité de César était un gouffre sans fond et jamais rassasié.

Rome, avilie et dégradée, était tombée, en effet, sous Néron, plus bas que la boue qu'on remue, dans le seul espoir d'y trouver des pépites ou des pierres précieuses.

L'avilissement des provinces, d'ailleurs, ne le cédait en rien à celui de la capitale du monde. Journellement, pillées au profit du prince, leurs trésors venaient s'engloutir dans les coffres de la *Maison d'or* de Néron, et se répandaient de là, en prodigalités, sur le peuple romain qui ne supportait son esclavage qu'à condition d'avoir du pain et des jeux « *panem et circences* » et Dieu sait de quelles ignominieuses bassesses il les payait.

Quand un magistrat était envoyé par l'Empereur dans les provinces, les instructions qu'il recevait pouvaient se résumer ainsi :

— Tu sais ce qu'il me faut ! Prends tout et ne laisse rien à qui que ce soit.[1]

Certes, Rome était une fleur superbe, épanouissant chaque jour davantage ses pétales merveilleux dans la fange césarienne. Bien loin, déjà, par la réalité présente sinon par le fait accompli, était cette vieille ville moitié splendide, moitié infecte que Néron avait livrée aux flammes par la main de ses esclaves. Chaque jour augmentait la splendeur de la cité nouvelle que des bras innombrables d'esclaves et

(1) Suétone, Néron, 32.

de condamnés construisaient avec une rapidité théâtrale.

Les palais, les temples, les forums, les marchés, les théâtres, les thermes, s'élevaient comme par enchantement; les colonnes, les statues semblaient surgir de terre comme une poussée de champignons hâtifs; partout, du marbre et du bronze sous toutes les formes, adaptés à tous les usages.

Au milieu de toutes ces splendeurs, la Maison d'or de Néron s'achevait, laissant dans l'oubli les souvenirs exigus de la maison d'Auguste; elle couvrait à elle seule les trois collines du Palatin, du Célius et du Quirinal.

Tous les chefs-d'œuvre de l'univers étaient réunis là, dans la profusion la plus splendide de l'or, des pierreries, des ivoires qui recouvraient jusqu'aux murailles du célèbre palais.

Et Néron se frottait les mains en se réjouissant d'être enfin « logé comme un homme. »

Il est vrai, que le monde païen auquel il commandait, n'était humain que par l'apparence. Il n'était, pour ainsi dire, personne à Rome qui pût se vanter d'être libre.

Les neuf dixièmes de la population étaient formés d'esclaves recrutés aux quatre coins du monde, et l'esclave n'était qu'une chose que l'on vend, que l'on achète, que l'on supprime, au besoin, avec la plus entière fantaisie. Aucun droit n'existait pour eux, le caprice du maître leur tenait lieu de patrie, de famille, de vertu et d'honneur; ce caprice était le seul fil fragile auquel tint leur existence même.

Le reste de la population était formé de citoyens, et quels citoyens! La plupart d'entre eux, comme nous l'apprennent les écrivains satiriques du temps, étaient des êtres faméliques, passant leur vie à chercher un souper dans toute la ville. C'était eux qui formaient cette tourbe d'esclaves de leur ventre qu'on appelait des « clients » sans cesse à l'affût d'une assiette à piquer.

Quelques citoyens, seuls, étaient riches, et la hache du licteur guettait leur tête qui portait ombrage à César toujours

Les armées ont envahi Rome,
elles proclament Néron déchu de l'empire. (P. 152.)

assoiffé d'or ; ils partageaient l'opulence avec les affranchis insolents dont la richesse scandaleuse dépassait souvent l'imagination.

Plus esclaves, encore, que les autres, les riches, dégradés par la tyrannie du prince, avilis par leurs passions, tributaires et jouets de l'océan de boue sur lequel ils paraissaient passer, triomphants, aucune lueur dans cette nuit de décadence ne pouvait leur faire espérer un retour vers l'antique noblesse de Rome et l'altière liberté de ses grands jours.

D'ailleurs, annihilés et énervés, entièrement et irrémédiablement asservis dans le bagne phosphorescent de cette vie impure, ils ne rêvaient rien d'autre que sa continuation indéfinie.

Il fallait, désormais, à Rome et aux Romains, la vue du sang humain, dans les combats du cirque, les divertissements scandaleux des théâtres et une journalière variété d'horreurs qu'un Néron seul, peut-être, était capable de leur servir. Aussi, Néron était un modèle, un triomphateur, un dieu. Ce monstrueux César et ce peuple non moins monstrueux étaient dignes l'un de l'autre.

César n'avait contre lui que quelques stoïciens qui le maudissaient, tout haut, au nom de la philosophie et les chrétiens qui priaient Dieu, tout bas, de délivrer le monde de ce néfaste antechrist.

Mais, pendant ce temps-là, des arcs de triomphe s'élevaient sur le passage de César, les fleurs et le safran pleuvaient sur sa route assourdie de fanfares, et le peuple acclamait l'assassin de sa mère Agrippine et le félicitait par la voix de Sénèque et de Burrhus, dans le servile prosternement des sénateurs et du patriciat, tout entier, et jusque dans la complicité infâme des dieux que le monstrueux parricide osait aller remercier du succès de son crime, en ce Capitole encore retentissant du dernier écho des triomphes les plus nobles.

Le meilleur de tous les métiers était encore celui de délateur et d'espion au service du prince; il comportait des bénéfices proportionnés aux services rendus, au nombre de têtes abattues et à la somme des biens confisqués.

Mais ce métier n'était pas une sinécure, car il fallait découvrir des conspirations et des conspirateurs, en fabriquer, au besoin, pour tenir, sans cesse, la générosité du prince en éveil ou éviter son ressentiment.

La plupart du temps, comme de nos jours, ce métier n'était pas avoué par ceux qui le professaient. Ils avaient soin de le couvrir d'un pavillon honorable, mais, souvent devinés, ils étaient bassement adulés, enrichis par leurs futures victimes ou fuis comme la peste la plus contagieuse.

Telle était la situation de Vultur, le fils du préteur Ulpianus, délateur et espion de César, pour tout le monde scribe de Diomède, le banquier le plus riche et le plus honorable parmi ceux qui brassaient le pactole des sesterces dans les basiliques du Forum.

Ainsi se composait la maison du préteur.

II

CETTE NUIT-LA.

Ce soir-là, la matrone Cornélia avait appelé en vain les douceurs du sommeil; ses paupières ne pouvaient se clore et elle se remuait, en proie à l'insomnie, sur les coussins de pourpre de sa couche de bois précieux incrusté d'ivoires travaillés avec art.

Comme elle avait l'habitude de le faire, en pareille occurrence, elle songea à demander à la jeune aveugle, la distraction de sa présence et de sa conversation.

Julia ne passait pas ses nuits dans la partie de la maison réservée aux esclaves, mais dans un cubiculum voisin et séparé seulement par une portière, de l'appartement de sa maîtresse.

Elle y était à peine arrivée, qu'elle entendit Cornélia frapper sur le *tintinnabulum*[1] à l'aide duquel elle l'appelait, quand elle avait besoin de ses services.

---

(1) Les romains se servaient d'instruments sonnants appelés *tintinnabula*. Quoique l'on connût, dans l'antiquité, l'art de faire des sonnettes, puisque nous savons que la robe du grand-prêtre du temple de Jérusalem était toute garnie de clochettes, il est vraisemblable qu'à Rome on se servait plutôt de plaques métalliques sonores, sur lesquelles on frappait, comme de nos jours, sur les triangles d'acier, dans les orphéons.

— Me voici, noble Cornélia, dit-elle, en s'empressant auprès de la matrone, qui faut-il appeler pour votre service?

— Personne, Julia, dit la femme du préteur, ta présence me suffit; assieds-toi sur ces coussins et tiens compagnie à mon insomnie.

— Volontiers, *Domina*, vous savez que c'est toujours un grand bonheur pour moi de vous servir jour et nuit, avec le plus entier dévouement, qui est bien dû à vos bontés, si je ne vous le devais déjà pas par ma qualité d'esclave.

— Dis-tu cela sans amertume? le langage dont tu te sers vis-à-vis de moi, d'ordinaire, et que je tolère parce que je te considère comme au-dessus des autres esclaves, me ferait croire, volontiers, que ta situation de servitude doit te peser beaucoup.

— Non, maîtresse. Je suis parfaitement heureuse, au contraire, et je ne changerais pas cette situation pour une autre condition.

— Pas même pour la liberté?

— Qu'en ferais-je?

— Voilà une réponse singulière! l'oiseau des champs, lui-même, n'est pas de ton avis, Julia, j'en suis sûre.

— C'est que l'oiseau des champs ne pense pas et n'a pas une âme intelligente.

— Ah! nous voilà sur une grosse question, chère à tes rêveries habituelles. En vérité, il faut être pleine d'indulgence comme je le suis, pour entendre, de la bouche d'une esclave, des choses aussi nouvelles et aussi singulières! Que parles-tu d'une âme! Mais, ma pauvre Julia, en admettant que nous ayons des âmes, ce qui n'est pas prouvé et ce dont

Les *lapsarii* ou patrons des bains publics se servaient notamment de ces plaques pour appeler les clients, dans la rue, et les inviter à se baigner. L'Église ne se servit de cloches que beaucoup plus tard, et on peut croire qu'elle-même employa ce moyen ou se servit de crécelles ou de plaques de bois desquelles on savait tirer de véritables sons.

tous nos philosophes doutent avec un accord parfait, ne penses-tu pas que ce serait là un bien inaccessible aux esclaves et uniquement réservé aux patriciens?

— De sorte, dit Julia, avec une douce malice, qu'une personne née libre et noble et, par conséquent, propriétaire d'une âme, la perdrait en devenant accidentellement esclave et la retrouverait au jour de son affranchissement ou de son retour à la liberté? Est-ce ainsi que vous entendez la chose, noble maîtresse?

Cornélia regarda en silence la jeune aveugle, étrangement embarrassée par cette simple objection.

Julia ne pouvait voir, sur son visage, l'effet qu'elle venait de produire dans l'esprit de la matrone, mais elle sentait bien que sa réponse mettait la femme du préteur dans une grande perplexité.

— Eh bien! dit-elle enfin, en admettant, selon ton hypothèse, que nous ayons cette chose inconnue qu'on appelle une âme, à quoi cela peut-il nous servir?

— Ah! maîtresse, dit Julia avec vivacité, mais *cela* nous sert à être ce que nous sommes, bons ou mauvais; *cela* nous sert surtout à exister, car, sans *cela* nous ne serions rien, puisque sans notre âme nous ne vivrions pas, ni dans ce monde ni dans l'autre....

— Tu es vraiment singulière, ma pauvre Julia, voilà que tu retombes encore dans cette croyance absurde à une autre existence que celle-ci. Mais je ne dois pas m'en étonner, tu es du peuple et tu as la tête pleine des fables religieuses qui sont très bonnes pour contenir le peuple dans le devoir, mais qui ne conviennent pas aux esprits cultivés qui savent à quoi s'en tenir sur les dieux, les héros, les Champs-Elysées et le Tartare.

— A l'existence desquels vous ne croyez pas, *Domina*, ni moi non plus, dit Julia avec vivacité.

— Que dis-tu? Si le préteur t'entendait, tu sais qu'il y a une loi qui punit le sacrilège.

— Ma noble maîtresse est au-dessus de cette loi, par sa haute intelligence, dit l'esclave avec finesse, et la loi qui a toute action sur le corps ne peut atteindre l'âme, car c'est par l'âme que nous pensons et que nous sommes libres de penser comme nous voulons. C'est par notre esprit immortel que nous sommes responsables de nos pensées et de nos actes.

— Responsables! et envers qui? L'esclave est responsable devant son maître, le soldat devant son chef et le citoyen devant l'Empereur qui est le maître absolu.

— Et qui, lui-même, est responsable de la plus petite de ses actions....

— Et devant qui? s'écria Cornélia étonnée, ce n'est pas devant le Sénat, j'imagine, car César fait bon marché des sénateurs.

— Non, maîtresse, dit Julia, l'Empereur lui-même est responsable comme le patricien, le citoyen, le soldat, l'homme libre et l'esclave, devant le même maître et le même juge qui est Dieu.

— Bon! c'est toujours la même chose et nous revenons à Jupiter et aux dieux de l'Olympe auxquels nous ne croyons pas et qui, s'ils existent, ne se mêlent aucunement de nos affaires; ce n'est pas une théorie bien neuve. Tu crois donc maintenant à ces divinités?

— Au contraire! Je les renie et je les déteste! l'Olympe est une école de crimes et tous ces dieux ne sont illustres que par leurs infâmies. Ce n'est pas d'eux que j'ai voulu parler en parlant de Dieu.

— Mais ton Dieu, il faut bien le désigner par un nom et si tu ne l'appelles pas Jupiter, comment donc le nommes-tu?

— Noble maîtresse, Dieu ne peut être exprimé par un nom, car il est infini; il n'a jamais eu de commencement, il n'aura jamais de fin, et c'est Lui qui a créé toutes choses; c'est donc à Lui que tout ce qui existe doit compte de sa vie. Tandis que tout ce qui existe est complexe par nature, Lui seul est simple, et voilà pourquoi il est infini, éternel et immuable. Comme une pure lumière, il pénètre et vivifie toutes choses, et voilà pourquoi toutes les créatures portent, en leur âme, un reflet de Lui, voilà pourquoi il est partout, à la fois, sans connaître de limites à son action, et, comme il est infini, ses perfections le sont aussi et elles sont la Toute-Puissance, la Sagesse, la Bonté, l'Amour, la Justice, la Clarté, la Vie, la Certitude, l'Infaillibilité. Personne ne peut rien créer, Lui seul le peut; c'est Lui qui détruit ce qui doit être détruit et c'est Lui qui conserve ce qui doit être conservé, c'est-à-dire l'étincelle de sa Lumière qu'il a mise dans l'âme de tout ce qui vit.

Cornélia, stupéfaite, écoutait son esclave avec un profond étonnement.

En parlant ainsi, la figure de la jeune aveugle rayonnait d'une clarté angélique, et l'on sentait qu'une véritable inspiration supérieure parlait par sa bouche.

Et Cornélia pensait en elle-même :

— Que diraient donc les philosophes, si une esclave ignorante et de basse extraction tenait devant eux de pareils discours? Platon, lui-même, le divin Platon, avait-il atteint de pareilles hauteurs avec autant de simplicité?

Cornélia ne trouvait pas de paroles pour objecter ou pour répondre, elle était, même, étonnée de comprendre des choses, en apparence, aussi incompréhensibles.

— Certes, dit-elle enfin, si ce que tu viens de m'exposer n'est qu'une utopie, elle est glorieuse pour l'homme de génie qui l'a imaginée. Toutes les fables de la vieille mythologie s'effacent comme de grossières peintures devant un beau soleil. Mais, pourtant, comment est-il possible que nous soyons responsables de la moindre de nos actions devant un Être si parfait? Vois-tu, Julia, il y a là quelque chose d'incompréhensible, d'inadmissible; nous sommes trop loin de cet Être idéal pour qu'il puisse s'occuper de nous. Et puis, quelle occupation! Sa puissance infinie n'y suffirait pas!...

— Aussi, *Domina*, ce serait une erreur de croire que Dieu s'occupe de ses créatures, comme un intendant s'occupe des esclaves de la maison de son maître. Je vous disais que Dieu était infini et qu'il pénétrait, de sa présence, tous les êtres de l'univers, de sorte que nous sommes en Lui, nous vivons en Lui, nous sommes mûs par Lui;[1] qu'y a-t-il donc d'étonnant à ce qu'il voie tout et sache tout, puisqu'il est en tout et que tout est en Lui? Je suis certainement trop ignorante pour trouver une comparaison capable de vous convaincre. D'autant plus que ce divin mystère ne peut être éclairci par aucune similitude, mais il me semble, cependant, qu'il n'est pas impossible de se faire une légère idée de l'omniprésence et de l'omniscience de Dieu par analogie.

— Et comment cela, je te le demande?

— Voyez l'air pur qui sert à la respiration de tous les êtres vivants; est-ce, pour lui, un souci, d'alimenter toutes ces respirations? Nullement; il pénètre partout et, partout, il vivifie par ses qualités subtiles. Il serait plus difficile à l'air de faire défaut, de lui-même, aux êtres vivants, qu'il ne l'est, pour lui, de les vivifier par son incessante influence. Si Dieu pénètre tout, comment Dieu pourrait-il ne pas connaître tout, et si tout est pénétré par Dieu, comment une seule partie de ce tout peut-elle échapper à Dieu? Noble maîtresse, Dieu Est, Dieu crée, Dieu vivifie, Dieu conserve, Dieu donne et Dieu reprend. Nous avons donc, tous, un seul maître suprême et commun, Dieu, qui nous a donné notre âme et à qui nous la rendrons, un jour, et notre devoir est de la lui rendre aussi belle qu'il nous l'a donnée.

De nouveau, la matrone garda le silence, écoutant les idées s'entrechoquer dans son cerveau pensif et inaccoutumé à une si haute philosophie.

---

(1) « In Deo vivimus, movemur et sumus. » — S. Paul.

Le silence ne fut, pendant un instant, troublé que par le bruit de l'eau dont le mince filet, en s'écoulant goutte à goutte, actionnait la clepsydre d'ivoire placée dans l'enfoncement d'une niche au décor somptueux.

— Ces idées sont, certainement, bien belles, dit-elle enfin, et, s'il est vrai que la vérité ne va pas sans la beauté, elles seraient vraies ! Quel changement inouï va donc s'opérer dans le monde, pour qu'une esclave connaisse de pareilles choses et ose les exposer à la femme d'un préfet du prétoire, à deux pas de la *maison d'or* de César !

Cependant, la matrone Cornélia ignorait que son esclave fut chrétienne. Julia avait pris le plus grand soin pour lui cacher ce secret, non pas par crainte, ni même par excès de prudence. Avec sagesse, elle avait compris que cette déclaration intempestive eut eu pour effet de jeter immédiatement le plus noir discrédit sur ses paroles, dans l'esprit de sa maîtresse, car, dans le monde païen d'alors, du haut en bas de l'échelle sociale, le plus profond mépris régnait à l'égard des chrétiens dont on ignorait les œuvres saintes et la doctrine sublime, pour ne connaître d'eux que les apparences défavorables qui les réputaient ennemis de César, anarchistes, sacrilèges, magiciens noirs et vils esclaves se cachant dans les repaires souterrains pour y perpétrer leurs crimes à l'abri de la lumière du soleil et des lois de l'Empire.

Jamais, non plus, elle n'avait voulu dévoiler la source de ses lumières et dire qu'elle les avait puisées dans ce foyer merveilleux de haute et divine philosophie formé par les Épîtres de deux hommes, dont l'un avait eu la tête tranchée aux Eaux Salviennes, tandis que l'autre expirait sur une croix, la tête en bas, sur les pentes désolées du Janicule.

Et, cependant, tous les chrétiens au cœur pur et aux intentions droites, pouvaient en savoir autant que la jeune aveugle, car Pierre et Paul, en quittant la terre, avaient laissé-là un inestimable trésor dans lequel on puisait sans cesse et qui ne s'épuisait jamais, mais dont le puissant et solide enseignement se répandait quotidiennement en rosée pure et bienfaisante sur le terrain généreux où poussait la vigne de Jésus-Christ.

Mais la matrone n'était pas si ingénue de croire que son esclave possédait, infuse, une telle science, sans l'avoir reçue de quelqu'un ou puisée quelque part, et elle soupçonnait, à quelques paroles échappées à Julia dans le feu de la conversation, qu'elle pouvait bien appartenir à la secte des chrétiens. Toutefois, elle avait bien compris que, de part et d'autre, une certaine réserve était utile sur ce point; elle craignait, en effet, connaissant bien mal le caractère chrétien, que, si elle venait à sommer son esclave de lui dire la vérité sur ce point, celle-ci niât toute accointance avec la secte nouvelle et, à l'avenir, peut-être, se renfermât dans un silence prudent.

Or, Cornélia éprouvait une telle jouissance, en son cœur, à entendre développer ces théories admirables, elle y puisait, sans s'en douter, de telles consolations à ses maux, y entrevoyait l'aurore d'une telle espérance qu'elle n'eut pu se passer de les méditer et de se les faire redire sans cesse.

De son côté, Julia épiait, en silence, le lent et progressif travail que la Grâce semblait opérer dans l'âme de la matrone, et elle appelait de tous ses vœux le jour heureux où le Christ, son divin Époux, compterait, dans la haute société romaine, une servante de plus, et elle priait avec ferveur que Dieu daignât couronner ses efforts de succès.

Cependant, elle brûlait du désir d'en savoir davantage encore; aussi, s'empressa-t-elle de lui dire :

— A tes paroles, je reconnais que tu es douée d'une véritable science, quelle que soit la source à laquelle tu l'aies puisée, et je suis bien sûre que tu ne m'as pas encore tout dit. En vérité, je ne te le cache pas, tu as ouvert à mon esprit un horizon nouveau et grandiose, si le soleil qui paraît l'éclairer n'est pas un astre trompeur. Si je t'ai bien comprise, au-dessus de toute juridiction humaine il existe une juridiction divine dont les lois immanentes atteignent tout ce qui vit, dans la source même de l'existence, et nous qui vivons, nous aurions avec la Divinité un point de contact par notre âme à l'aide de laquelle nous pouvons avoir conscience et notion d'une sphère de bien ou de mal, dont la sanction est la récompense ou le châtiment. En second lieu, la Divinité dont tu parles connaît tous nos actes et les enregistre, pour en établir la balance et les juger dans leur valeur intime, et, devant cette souveraine puissance, tout ce qui existe aurait des droits égaux et des responsabilités semblables. D'où il résulterait que toutes les conditions sociales, si différentes soient-elles, sont, en réalité, indifférentes devant ce Dieu d'où tous les êtres sont sortis et qui les rappelle à lui. Est-ce ainsi que je dois interpréter tes paroles?

— Ah! *Domina!* s'écria Julia avec enthousiasme, vous ne les interprétez pas, mais vous les expliquez, vous les éclairez d'une façon bien au-dessus des forces de mon humble intelligence.

— C'est que, depuis longtemps, je réfléchis à tout ce que tu m'as appris sur ce sujet. Mais, dis-moi, je suis arrivée à une conclusion qui me paraît logique, et sur laquelle je suis bien incertaine.

— Et laquelle, noble maîtresse?

— J'ai conclu que nous devrions à un pareil Etre une somme d'adoration que nous sommes incapables et indignes de lui fournir. Que peut-il faire de nos hommages, lui qui est si puissant?

— Il n'en a pas besoin, à coup sûr, *Domina*, mais il les aime comme une juste réciprocité de tendresse et d'amour. C'est là, en effet, le seul sentiment que nous puissions lui exprimer, puisque c'est par lui et en lui que nous vivons et que nous agissons. Et cette adoration n'est pas inutile ni stérile; elle attire, en effet, ses divines bontés, et sa tendresse infinie se manifeste par des merveilles singulières. Par sa Grâce divine, la mort et la maladie lâchent souvent leur proie à demi dévorée, les infirmités sont guéries et les éléments sont domptés....

— Dis-tu vrai?...

— Bien plus encore....

— Et quoi donc?...

— Les crimes sont pardonnés à leurs auteurs et les plus indignes, eux-mêmes, reçoivent de lui le pardon, comme d'un père plein de miséricorde.

— De sorte que, si j'adorais ce Dieu que tu m'annonces, je verrais mes maux s'éloigner et la santé qu'Esculape, lui-même, n'a pu me rendre, me revenir florissante? Dis-moi donc en quoi consiste son culte?

Julia sentit, à ces paroles de la matrone, qu'elle s'était trop avancée. Il ne lui appartenait pas, en effet, de toucher à ce voile sacré que l'Église primitive étendait sur les mystères divins qui ne pouvaient être révélés à aucun païen sans les formalités saintes. Cependant, il lui fallait répondre.

Elle réfléchit, un instant, et, résolument :

— Oui, noble maîtresse, dit-elle, votre désir peut être satisfait, mais pas par une pauvre esclave ignorante et humble comme je le suis. Comment pourrais-je, en effet, vous faire entendre combien le culte de ce Dieu sans tâche doit différer du culte de ces divinités trompeuses et fausses dont le Capitole est rempli! Pensez-vous qu'aucune victime, si pure soit-elle, puisse être digne de lui? Aussi, ne puis-je vous éclairer davantage sur ce point; je ne puis que vous dire que, si vous le désirez sans arrière-pensée, d'autres voix plus autorisées que la mienne achèveront de vous satisfaire.

— Dis-moi, Julia, peux-tu me faire connaître les personnes dont tu parles?

— Noble maîtresse, répondit la jeune aveugle, je le puis;

la noble matrone Aurélia et Dyonisius le médecin en savent plus que moi sur ces grandes questions, mais....

Julia rougit, hésitante.

— Achève, que veux-tu dire?...

— Ils vous diront que, pour être digne de recevoir la vérité complète, il faut se souvenir que Dieu scrute les cœurs et que quiconque veut le connaître, doit le chercher avec des intentions droites.

— Je connais la noble Aurélia, elle est de famille consulaire; quant à Dyonisius, il est médecin, dis-tu? Ne pourrait-il pas me guérir?

— Dieu peut tout, noble maîtresse, aux conditions que je vous ai indiquées.

— Dis-leur donc, ma bonne Julia, que j'accepte ces conditions et que, fussent-ils chrétiens, je serai la plus docile de leurs élèves, mais qu'ils agissent dans le plus grand secret. Va, maintenant, prendre un repos bien gagné, et laisse-moi m'endormir, en réfléchissant encore à d'aussi grandes et graves choses.

La jéune esclave baisa respectueusement la main de sa maîtresse et se retira, joyeuse, en murmurant tout bas :

— O Cornélia, vous aussi, serez une vaincue du Christ et vous ferez partie de la moisson splendide que fait germer le sang des martyrs et qui mûrit aux divins rayons du Soleil de Justice.

Elle s'endormit en remerciant Dieu et en songeant avec persistance que, peut-être, cette nuit porterait bonheur aux intérêts de ses amis Apellès et Lucia.

III

Le fils du préteur, bien convaincu qu'il avait, à portée de sa main, une proie grasse et facile à saisir dans la fortune d'Apellès et de Lucia, n'avait pas perdu de temps.

Usant d'un procédé familier aux êtres de son espèce, il avait appelé la ruse à son secours.

Si, en effet, certains chrétiens pouvaient être journellement dénoncés et condamnés ouvertement, on ne pouvait agir ainsi à l'égard de tous et, notamment, vis-à-vis de ceux qui, comme Apellès, vivaient sans bruit et ne donnaient prise à aucune incrimination.

S'associer avec des libertins de son espèce pour perpétrer son noir projet, il y avait songé, mais il avait réfléchi aussi, qu'en ce cas, il faudrait partager avec eux. Et n'était-ce pas assez déjà de partager avec l'Empereur qui s'adjugeait toujours la part du lion, dans toutes les dépouilles, heureux encore quand il daignait laisser à ses faucons quelques misérables reliefs pour la curée.

C'était en songeant à ces choses, qu'il était entré aux étuves de Calpurnius, et, son esprit mis à la torture ne lui avait pas encore montré la solution favorable, lorsque, tout à coup, une idée traversa son cerveau, rapide comme l'éclair.

Il venait d'apercevoir, parlant au *capsarius*,[1] dans l'*apodytherium*,[2] un homme dont la physionomie lui était bien connue.

C'était Eubulus, un des échansons de l'empereur, qui, quoique son état fût de verser le falerne dans la coupe de Néron, était chrétien en secret, avec plusieurs autres personnes de la maison de César.

Vultur ne l'ignorait pas; il avait su s'insinuer dans l'amitié d'Eubulus, épier ses actions et se convaincre de la nature de son secret.

Du reste, il ne lui avait pas laissé ignorer ce qu'il savait, mais, loin de lui faire des reproches ou des menaces, il avait feint de l'approuver pleinement et de déplorer que, lui-même ne pût, à cause de la charge de son père, imiter l'échanson.

Trop confiant, Eubulus avait crû à la sincérité de Vultur dont il ignorait la fourberie, l'avarice et le métier honteux d'espion de César qu'il professait en secret sous le couvert d'un honorable emploi dans les banques; plus d'une fois, il avait tenté, même, de lever les hypocrites hésitations du fils du préteur, s'offrant à commencer son instruction et à le mettre, ensuite, entre les mains des diacres qui se chargeraient de l'achever.

Vultur l'avait écouté, et l'on pouvait dire qu'il avait, de ce chef, une teinture des premières vérités de la Foi.

Mais il en était de son cœur comme du « terrain aride » de l'Evangile sur lequel la bonne semence, tombée en vain, devient la pâture des oiseaux du ciel, impuissante à germer.

Vultur, aveuglé par les obscures ténèbres de ses vices, quoiqu'écoutant les paroles d'Eubulus avec une apparente

(1) Préposé au vestiaire; de *capsa*, coffre.

(2) Endroit servant de vestiaire dans les établissements de bains. On y laissait et on y reprenait ses vêtements.

docilité, les recevait avec l'horreur qu'inspire au porteur d'une plaie rabique la vue d'un fer rouge.

Les choses saintes, en effet, ne sont goûtées que par les saints, et les choses pures par les purs.

La lumière de Dieu brûle horriblement les enfants des ténèbres, et la rage de Vultur ne faisait que s'accroître aux rayons de la Foi qui tentaient d'illuminer son âme.

— *Salve*, Eubulus! dit-il en s'approchant, l'air souriant, de l'affranchi chrétien, qu'y a-t-il de nouveau chez César?

— César prépare une grande tragédie dont il sera l'acteur principal, répondit Eubulus.

— Et le sujet de la pièce?

— Personne n'en sait rien et César lui-même l'ignore, dit l'affranchi avec un rire significatif.

— J'entends, répondit Vultur, l'ami Cerise écoute le vent qui souffle des Gaules, et n'en est pas plus rassuré. Est-ce cela? On dit que, par là, tout ne va pas à souhait pour ses affaires. Que les dieux, ses proches parents, l'invitent à dîner une bonne fois à la table de Pluton et amènent un peu de variété au Palatin!

Ces derniers mots furent dits à voix basse et ce fut sur le même ton que Vultur ajouta :

— Je sais que tu ne jures pas par les dieux, mon cher Eubulus, mais tes sentiments n'en sont pas moins bienveillants à l'égard du gracieux Lucius-Domitius-Néro-Claudius-Augustus-Germanicus. Le Dieu que tu sers ne l'a pas en meilleure odeur, et si j'étais admis à l'honneur de le prier, comme toi, je le prierais tous les jours de nous débarrasser de ce minotaure.

— Si tu avais le bonheur de faire partie de nos frères, Vultur, dit Eubulus avec calme, tu ne parlerais pas ainsi, car c'est là ce que nous ne faisons pas, précisément. Au contraire, nous prions Dieu tous les jours pour l'Empereur. Ne sais-tu pas qu'il nous a été dit par une bouche infaillible : « Je vous le dis en vérité, aimez vos ennemis ; faites du bien à ceux qui vous haïssent et priez pour ceux qui vous persécutent ; afin que vous soyez, ainsi, les enfants de votre Père qui est aux Cieux, qui fait lever son soleil sur les bons comme sur les méchants et qui fait tomber la pluie pour l'injuste aussi bien que pour le juste.[1] »

Vultur ne répondit pas, car, c'était là pour lui un incompréhensible langage, et il ne pouvait que mépriser, en lui-même, l'étonnante stupidité de ces chrétiens qui poussaient l'insanité jusqu'à prétendre aimer leurs ennemis.

— Cela peut te paraître encore étrange, poursuivit Eubulus, mais, il ne tient qu'à toi de t'instruire davantage afin de le comprendre et de le mettre en pratique. Viens parmi nous t'abreuver aux sources de la vérité et tu verras que nous sommes tous animés de ces charitables sentiments.

— Je vous admire, Eubulus, mais, de moi-même, je ne puis me présenter parmi vous. Le fils d'un préteur de la Cité ! Tout le monde me fuirait comme la peste !

— Non, répondit l'affranchi, si tu es animé de sentiments sincères ; nous ne nous fions pas aux apparences pour juger. Ne suis-je pas échanson de César, moi-même ? Si j'avais pensé comme toi, je ne serais qu'échanson de César, tandis que je suis, par la grâce de Dieu, un serviteur de Jésus-Christ.

— Je veux dire, aussi, qu'il y a pour moi, de ce chef, de grosses difficultés et des dangers à courir.

— La route qui conduit au Ciel est étroite et bordée d'abîmes, dit l'affranchi ; elle diffère, en cela, du chemin vulgaire qui paraît large et semé de fleurs sous lesquelles, néanmoins, se cachent souvent bien des ennemis ; toutefois, mon exemple et d'autres te prouvent que l'on peut servir la vérité sans, pour cela, courir incontinent au martyre.

Tout en parlant ainsi, Eubulus et Vultur avaient traversé,

(1) Ev. S. Matthieu.

non sans y rester le temps voulu, le *frigidarium*, ou salle qui servait, par sa température graduée, d'intermédiaire entre le bain chaud et le bain froid ; ils étaient entrés dans le *caldarium* où ils avaient pris le bain chaud, et maintenant ils se reposaient dans le *baconicum* ou bain d'air chaud qui faisait suite au *caldarium*.

— Au fait, dit Vultur vivement, j'ai une nouvelle à t'apprendre. Tu connais Apellès, le jeune grec de la via Nomentana, dont la sœur se nomme Lucia, et, née libre, devint esclave, puis, fut rendue à la liberté par la noble Pomponia Grœcina ?

— Oui, que lui est-il arrivé ?

— Rien que de très heureux. Beaucoup d'argent.

Eubulus se réjouit en lui-même, car il ne doutait pas que les pauvres secourus par l'Eglise dussent avoir leur part de cette fortune.

— Il est des vôtres, n'est-ce pas ? dit négligemment Vultur, que ne puis-je dire des nôtres ! j'ai eu le bonheur de lui annoncer, moi-même, cet événement qu'il ignorait encore, ce soir même, comme il se dirigeait du côté du Vatican, où vous avez un cimetière, je crois ?

— Oui, dit Eubulus, Apellès est des nôtres et nous déposons nos morts, trop nombreux par le temps qui court, dans un enclos funèbre appartenant à Pomponia et situé près du temple d'Apollon en contre-bas des jardins de César.

— C'est cela, il paraissait très pressé d'assister à quelque cérémonie, car je crois qu'il y a là des réunions fréquentes ?

— En effet, car la déposition des martyrs ne va pas sans prières au Dieu pour lequel ils ont glorieusement répandu leur sang. Je suis heureux pour Apellès et je te félicite, Vultur, d'avoir été le premier à lui annoncer cette heureuse nouvelle. D'où lui vient cet héritage ?

— Ce n'est pas un héritage, expliqua Vultur en racontant à Eubulus l'histoire du marchand Tyrœnion et de l'argent confié par le jeune grec à la banque de Diomède. Aussi, je crois que nous sommes menacés de le perdre.

— Comment?

— Il a, en effet, le projet de retourner se fixer en Grèce, sa patrie, avec sa sœur, et d'abandonner Rome pour toujours.

— Que la Providence le conduise! dit Eubulus qui se préparait à regagner le *prothyrium,* pour reprendre ses vêtements, car il ne faisait pas du bain un futile plaisir, contrairement à ces romains voluptueux qui passaient la majeure partie de leur temps dans les thermes somptueux où se trouvaient, à leur portée, toutes sortes de distractions paresseuses ou de plaisirs violents.

— Je ne te laisserai pas partir ainsi, Eubulus, dit Vultur, faisant un dernier effort d'hypocrisie, sans t'avoir dit combien je désire m'instruire dans ta croyance et t'avoir demandé de me faire assister à ces grandioses prières que vous faites sur les tombeaux des martyrs.

— Soit, Vultur, dit Eubulus confiant. Je ne vais pas souvent aux cimetières; mais, puisque tu désires être remis entre les mains d'un instructeur, je te présenterai, à l'une de nos réunions, au diacre Restitutus qui dirigera ton enseignement, afin que tu puisses être admis promptement parmi les catéchumènes.

— Merci, Eubulus, je serais bien heureux qu'Apellès fût avec nous; ne pourrais-tu lui écrire afin que, tous deux, vous me serviez de parrains recommandables en cette heureuse circonstance?

— Volontiers, dit Eubulus qui fit demander son style et ses tablettes.

Aussitôt, il écrivit au jeune grec quelques lignes pour l'inviter à se joindre à eux.

Vultur suivait des yeux le style courant sur la cire molle et traçant les caractères.

— Ne mets pas mon nom, cher Eubulus, dit-il, mandelui seulement qu'un néophyte se recommande de vous deux et qu'il sera agréablement surpris en le voyant entrer dans votre bercail.

Le bon Eubulus ne vit pas le piège et, docilement, se conforma au désir de Vultur.

— Holà! *capsarius!* appela le fils du préteur, un *tabellarius* tout de suite, pour porter ces lettres au seigneur Apellès, de la via Nomentana!

Bientôt, un esclave apparut, prit les tablettes que l'affranchi de la maison de César avait pliées et entourées du fil scellé à la cire, et partit avec une célérité empressée pour s'acquitter de sa commission.

Le rendez-vous était pour le lendemain auprès du temple d'Apollon au Vatican, à l'entrée du prœdium de Lucine, près d'un fourré touffu dissimulant un *luminarium.*[1]

(1) Ouverture en forme de cheminée, pratiquée dans les voûtes des catacombes et estinée à aérer les souterrains et, parfois, à leur donner un peu de jour.

IV

PERPLEXITÉ ET SOLUTION PROVIDENTIELLE.

Cependant, le jeune grec ne se dissimulait pas la gravité du danger que lui et sa sœur couraient, à la merci du bandit qui convoitait leur bien et n'hésiterait pas, pour se l'approprier, au moins en partie, à provoquer leur arrestation et à faire répandre leur sang.

Et, non seulement il réfléchissait opiniâtrement au moyen de déjouer les ruses de son ennemi, mais il priait surtout Dieu d'éclairer de prudence ses pas incertains, dans cette voie difficile.

La seule chose qui lui apparaissait clairement c'est qu'il n'avait pas un moment à perdre, et que, plus tôt ses affaires seraient réglées avec Diomède, mieux ce serait.

Mais, comme le farouche Cerbère à la porte des enfers de la fable, Vultur guettait à la porte de la basilique et sa proie ne pouvait passer ailleurs que devant lui, en se rendant aux comptoirs de Diomède.

Il était plongé dans ses réflexions, lorsque, soulevant la portière du *tablinum* où il méditait, un vieillard qui le servait, ancien esclave devenu chrétien et que le jeune grec avait racheté pour lui donner la liberté, vint l'avertir qu'une jeune fille aveugle voulait lui parler.

— Quoi! serait-ce Julia, la fille du fossor Hilarius du cimetière de Lucine, au Vatican? s'écria-t-il.

— C'est elle-même, seigneur Apellès, dit le vieillard.

— Qu'elle entre donc!

La jeune fille pénétra, en tâtonnant, dans le tablinum de cette maison inconnue à ses pas habituels.

— Seigneur Apellès, dit-elle, est-ce une bonne inspiration qui m'est venue du ciel? je viens, peut-être, vous tirer d'un grand embarras!

— Parle vite, ma bonne Julia, et que Dieu te bénisse pour ton incessant dévouement et tes bonnes actions.

— La noble Lucia m'a dit qu'il vous serait impossible de négocier vos affaires chez Diomède, sans péril; ne perdez pas cette fortune, mais prenez un moyen subtil.

— Et lequel?

— Passez votre créance à un modeste et honorable banquier que je connais; feignez de la lui passer en paiement d'une dette; dès lors, il la négociera à votre place, en son nom exclusif, et vous rendra des comptes honnêtes.

— Voilà une excellente idée, ma bonne Julia, et quel est ce banquier, serait-ce un chrétien?

— C'est, dit Julia, avec un fin sourire, le propre banquier d'Ulpianus, préfet du prétoire!

— Bonté du Ciel! que me dis-tu là. Te joues-tu de moi?

— Non, seigneur Apellès, et rien n'est plus sérieux. Vultur ne comprendra jamais comment ce coup de théâtre se sera exécuté et son audace n'ira pas jusqu'à entrer en lutte avec un adversaire qui est l'ami de son père et presque son intendant. Il considèrera l'affaire comme perdue pour lui et fera le sacrifice de ses malhonnêtes prétentions.

— Songes-tu au péril que nous courons tous en cette occurrence et de cette façon qui, au premier abord paraît ingénieuse? Quelle garantie cet homme peut-il offrir?

— La meilleure, seigneur Apellès, il est chrétien, dit simplement Julia.

— O sainteté du Christ! dit le jeune grec en levant les bras et les yeux au ciel, miséricorde et puissance incompréhensible de Dieu! Il y a donc des chrétiens partout, et là où l'on s'attend le moins à en trouver! Vas-tu m'annoncer bientôt que le préteur, lui-même, est chrétien, un de ces jours, Julia?

— Non, sans doute, hélas! mais...

— Quoi donc?...

— La noble matrone Cornélia, ma maîtresse, est à la veille de demander le baptême.

. . . .

La portière du tablinum se leva de nouveau et la figure du vieux serviteur apparut dans le chambranle.

— Seigneur Apellès, dit-il, voici des lettres qu'un tabellarius des bains de Calpurnius vient d'apporter pour vous.

— Donne-les-moi, Dave, dit le jeune homme, qui en rompit le cachet et les lut aussitôt tout haut.

Eubulus, de la maison de César, à Apellès. Salut.

Apellès, je t'écris ces lettres pour te dire qu'un jeune néophyte, se recommande de nous pour être présenté, dans l'assemblée des fidèles au diacre Réparatus, et s'instruire en vue de demander le baptême. Trouve-toi demain, au commencement de la deuxième veille, au prœdium de Lucine, au Vatican où nous t'attendrons près du luminarium.

La paix du Seigneur soit avec toi.

VALE.

— Et le sang des martyrs coule à flots sur les collines, dans les amphithéâtres et les prétoires! s'écria Apellès, et ceux-là le savent et ils sont au Christ et ceux-ci ne l'ignorent pas et ils viennent au Christ! Terre féconde! semence généreuse! moisson splendide!

— Gloire à Dieu! dit Julia, le Christ vit, Il règne et Il gouverne, malgré la rage des tyrans et l'avilissement des nations! Apellès, ne perdez pas de temps, allez aujourd'hui même trouver Deodatus le banquier, en sa maison du vicus patricius. La paix soit avec vous!

— Et avec ton esprit, dit le jeune grec, tandis que la jeune aveugle, avec les mêmes tâtonnements, sortait du tablinum.

Elle traversa le triclinium, puis l'atrium où elle rencontra le vieux Dave qui lui ouvrit la porte et lui indiqua sa route.

Apellès remercia Dieu par une fervente prière et prit ses dispositions pour suivre, sans retard, le conseil de son ange gardien, la bonne Julia.

— Il n'y a, décidément, murmura-t-il en lui-même avec un sourire, que les aveugles pour voir clair, là même où les clairvoyants ne voient goutte.

Avec agilité, le jeune Athénien courut à leur suite
et ferma la lourde porte sur eux. (P. 155.)

V

DEODATUS LE BANQUIER.

Le jeune grec comprit qu'il n'y avait pas un seul instant à perdre.

Quoiqu'il eut besoin de repos, il oublia volontiers la couche sur laquelle il s'apprêtait à goûter quelques heures de sommeil, prit un léger repas que, sur sa demande le vieillard lui servit en hâte, et, ayant mis sa ceinture, se revêtit de son manteau qu'il drapa négligemment sur ses épaules.

— Ah! dit-il vivement, en se parlant à lui-même, n'oublions pas l'essentiel!...

Il prit, dans un vase de Corinthe, une clef de bronze et se dirigea vers un angle du tablinum où se trouvait un coffre de bois de citronnier, incrusté d'ivoire, qu'il ouvrit avec précaution.

Un assez grand nombre de rouleaux de papyrus et de parchemins s'y trouvaient.

L'un après l'autre, il les prit et examina le bouton d'ivoire qui terminait le léger bâton sur lequel ils étaient enroulés.

Chacun de ces boutons portait l'indication sommaire du contenu de leur volume.[1]

(1) Le mot *volume* vient de *volvere : rouler*. Les anciens ne connaissaient pas

Laissant de côté les ouvrages des poètes grecs et latins, dont il reconnaissait les titres familiers, il fixa son attention sur un rouleau, plus volumineux que les autres, qu'il délivra des liens de soie qui en retenaient les feuillets captifs.

Un à un, il examina les parchemins avec soin. Enfin, il détacha quelques feuillets qu'il mit à part. Il prit, dans un compartiment du coffre, un bâtonnet sur lequel il les roula, non sans les avoir lus attentivement, puis, il referma le coffre et replaça la clef dans le vase de Corinthe d'où il l'avait tirée.

— Voilà bien, dit-il, mes créances sur Diomède et les titres de mes droits aux bénéfices de Tyrœnion.

Et, les serrant sur son cœur :

— Il me semble, ajouta-t-il, que ce frêle rouleau contient un peu du beau ciel de la Grèce et beaucoup du bonheur de Lucia! Puisque la Providence m'envoie ces biens, pourquoi ne me réjouirais-je pas de les posséder, non pour eux-mêmes, ni par égoïsme et avarice, mais pour rendre à Lucia, un peu de cette félicité ancienne que mes égarements lui ont fait si cruellement perdre.

Déjà, il traversait l'atrium ; un instant après, il était dans la rue et tournait ses pas vers le Forum romanum, non loin duquel le banquier Deodatus avait sa demeure, près des basiliques où était le centre des affaires.

La matinée était belle, le soleil éclatait en flèches d'or dans le ciel et le peuple de Rome, affairé, croisait joyeusement dans les rues de la ville ses flots bariolés de couleurs éclatantes.

Soldats en uniformes, magistrats en toge laticlave, matrones en stoles voyantes ou en talaris majestueuses, précieuses en litières richement ornées de pulvinars moelleux

---

les livres tels que nous les avons. Leurs volumes étaient des feuilles roulées autour d'un bâton terminé par un morceau d'ivoire sur lequel on inscrivait le titre du manuscrit.

et de courtines somptueuses, élégants en voitures variées, patrons escortés d'une armée de clients, paysans conduisant des bœufs, des moutons, ou apportant, de la banlieue ou des ports, des fruits, des légumes ou des poissons ; tout ce monde allait et venait en des sens divers, chacun gagnant le centre de ses affaires ou de ses plaisirs ; ceux-ci, le Palatin, ceux-là le Forum, d'autres les curies et les basiliques, d'autres le Champ-de-Mars, la Voie Sacrée, les marchés, les temples...

Apellès, tout entier à ses réflexions, ne les regardait pas, prenant à peine le soin de ne heurter personne, en sa course qu'il accélérait, de peur de manquer Deodatus, car le banquier avait souvent affaire hors de chez lui.

D'un pas agile, il franchit la porte de la maison sur le seuil de laquelle le portier flânait, désœuvré, en regardant le va-et-vient de la rue.

Il traversa l'atrium où des solliciteurs pauvrement mis, attendaient sous la garde d'un esclave, et, s'adressant au velarius préposé à la porte du vaste tablinum dont Deodatus avait fait son cabinet :

— Le seigneur Deodatus, demanda-t-il, est-il seul, pour l'instant?

— Il va vous recevoir, seigneur, si vous voulez bien me donner votre honorable nom et lui indiquer le motif de votre visite, répondit l'esclave.

Apellès prit ses tablettes et, avec son style il écrivit aussitôt sur la cire :

Apellès, le grec, au banquier Deodatus. Salut.

Je te fais savoir, par ces lettres, honorable banquier, que je désire te parler pour une affaire importante et qui ne souffre pas de retard.

Veuille bien me recevoir.

VALE.

Le jeune homme tendit les tablettes à l'esclave, puis, comme l'esprit traversé par une idée, il les reprit et écrivit à côté de sa formule de salutation, le mot « ιχθυς » voulant indiquer, par là, à Déodatus, sa qualité de chrétien, comptant avec juste raison, que ce mot mystérieux serait pour lui un titre à un prompt et cordial accueil.

Il ne se trompait pas.

L'esclave velarius prit les tablettes des mains d'Apellès, entra discrètement dans le tablinum où il ne resta qu'un instant pour en sortir bientôt et inviter respectueusement le visiteur à entrer.

Le banquier était assis sur une large cathèdre devant une vaste table chargée de papyrus et de parchemins, les uns roulés, les autres déployés.

Autour de lui, plusieurs scribes assis à des tables distinctes, compulsaient des registres, comptaient de l'argent, dressaient des actes.

— La paix soit avec toi! Déodatus, dit le jeune homme, en entrant.

— Je te rends grâces, dit Deodatus, gravement, sans répondre à cette formule de salutation chrétienne autrement que par un remerciement banal et sans en employer la formule complémentaire et ordinaire aux fidèles de Jésus-Christ.

— La paix est le meilleur des biens que l'on puisse souhaiter à un banquier, car elle est la mère de toutes les prospérités. Dis-moi brièvement, je te prie, en quoi je puis avoir l'honneur et le plaisir de te servir.

Et, soulevant la portière d'une cella contiguë au tablinum, il invita, d'un geste, le jeune homme à y pénétrer avec lui.

Quand ils furent entrés, Deodatus baissa soigneusement la tenture et, sans bruit ni affectation, ferma scrupuleusement la porte dont il tira avec précaution le verrou de bronze.

Il indiqua, alors, au jeune homme, un siège élégamment confectionné de bois de citronnier et d'ivoire.

Apellès s'y assit et Deodatus prit place, lui-même, sur une vaste cathèdre en tout semblable à celle dont il se servait dans le tablinum, près d'une petite table surchargée de rouleaux placés en ordre autour d'un encrier abondamment fourni de plumes.[1]

— Seigneur Apellès, dit-il avec bonté en passant sa main sur son visage soignement rasé, je suis prêt à vous rendre le service que vous venez réclamer de moi. Passez-moi vos créances, je sais qu'elles sont bonnes, je vais vous donner un reçu de la dette fictive que vous me payez aujourd'hui et un second écrit de ma main vous ouvrira créance, ici, pour une somme égale que vous retirerez en une seule fois, si vous le voulez, ou en plusieurs fois, si vous préférez ne pas attirer l'attention des malveillants.

En entendant le banquier parler ainsi, Apellès ne put dissimuler un grand étonnement dont l'expression se peignit immédiatement sur son visage.

— Quoi! noble Deodatus, s'écria-t-il, vous ne me connaissez pas, et mes affaires vous sont familières! et votre bonté va jusqu'à vous faire négliger la moindre des objections que tout autre à votre place, me ferait en foule, ne fût-ce que pour me faire payer cher le service que je sollicite!

— ... *Et avec ton esprit!* dit, cette fois, et gravement, le banquier chrétien. Nous sommes frères en Jésus-Christ, et Jésus-Christ, notre Maître et Seigneur, nous a dit : « *Aimez Dieu par-dessus toute chose et votre prochain comme vous-même.* » Si toute la loi et les prophètes sont dans ce précepte; qu'avons-nous besoin de nous tourmenter d'autre chose? C'est là une parole de vie et elle ne saurait recéler la mort! Mon état de banquier se prête peu, il est vrai, à la pratique d'un si essentiel précepte, mais, si je suis obligé de me mon-

---

(1) Ces plumes étaient faites de roseaux taillés en pointe et on les appelait « *Calami* » de *calamus, roseau.*

trer banquier avec les païens, c'est bien le moins que je sois le serviteur de mes frères en Jésus-Christ. Je n'ignore pas les difficultés de cette opération et même ses dangers. J'espère les éviter tous, avec la grâce de Dieu.

— Mais, comment sais-tu?...

— La Providence veille sur les oiseaux du ciel, dit Deodatus avec un bon sourire; pourquoi ne comblerait-elle pas des bienfaits de la même sollicitude ceux qui se confient en elle? Elle se sert souvent des plus faibles instruments. Julia, la fille du fossor Hilarius, à qui j'ai commandé récemment un tombeau pour moi et les miens, à côté des saints de Jésus-Christ, m'a tout dit. Donne-moi tes chartes.

Apellès tendit les rouleaux de ses créances.

Deodatus les prit, les parcourut négligemment des yeux, et, prenant sur la table deux carrés de papyrus, il les lut à demi-voix au jeune grec.

L'un était un reçu en bonne forme, l'autre un billet ouvrant au jeune athénien, dans la banque, un crédit égal à la somme dont il se dessaisissait.

Et, prenant un calamus qu'il trempa dans l'encre, Deodatus signa les deux chartes et les remit à Apellès, après les avoir saupoudrées de sable safrané et mêlé de poudre dorée.

— Maintenant, dit-il, au revoir, la paix soit avec toi!

— Et avec ton esprit! généreux et noble Déodatus, quelles grâces ne te dois-je pas!

— *Non nobis,* dit le banquier chrétien, *sed Nomini Domini da gloriam.*[1]

Et, ouvrant la porte, il reconduisit son visiteur à travers le tablinum, de l'air froid et détaché d'un homme qui n'a traité qu'une médiocre et insignifiante affaire.

---

(1) « Ce n'est pas à nous, Seigneur, mais à votre seul Nom que toute gloire est due. » (Psaume 113.)

VI

Si Julia avait charitablement pris les devants pour aplanir d'avance à Apellès toutes les difficultés de la route, auprès du banquier Deodatus, elle n'avait pas borné là ses efforts dans le rôle providentiel qu'elle jouait, avec tant de dévouement, pour le service de ses frères dans la Foi.

Elle avait, aussi, songé à sa maîtresse, la noble Cornélia, pensant, avec raison, qu'il ne fallait pas retarder d'un seul jour la culture des heureuses dispositions que la grâce divine avait fait descendre dans son âme.

En sortant de chez Deodatus, elle s'était rendue au Velabre, de son pas assuré et confiant, traversant les rues ensoleillées et grouillantes de gens de toutes sortes qui ne se doutaient pas, en voyant la pauvre infirme passer au milieu d'eux, du touchant apostolat qu'exerçait sa charité d'esclave noble et libre de la seule noblesse et de la liberté de Jésus-Christ.

Bientôt, elle était arrivée à une petite demeure dont l'extérieur était assez riche pour ne pas jurer avec les splendeurs de ce quartier opulent.

Elle entra en adressant un sourire gracieux au portier qu'elle rencontra frottant de cire la mosaïque du salve.

Comme elle traversait l'atrium, une voix joyeuse lui cria :

— C'est toi, Julia! quelles nouvelles nous apportes-tu de ce pas si pressé?

— De bonnes nouvelles, noble Lucia, répondit la fille du fossor avec empressement. L'une de ces nouvelles vous concerne; quant à l'autre, je viens l'apporter à la noble Aurélia, auprès de laquelle je vous prie de m'introduire.

— Viens avec moi, dit la jeune athénienne, Aurélia est dans le tablinum et tu me diras ce qui me concerne, chemin faisant.

Elles traversèrent, ensemble, la cour de l'impluvium et, comme elles longeaient la colonnade :

— Votre frère, noble Lucia, était très embarrassé de ses créances sur Diomède le banquier, car le « vautour » les convoitait comme une proie; je lui ai conseillé de les passer à Deodatus, un des banquiers du Forum, qui est chrétien, j'ai vu moi-même Deodatus, il m'a promis de tirer Apellès de tout embarras et, à cette heure, je l'espère, votre frère n'a plus rien à craindre de ce côté.

— Comme tu es bonne, Julia, dit la jeune athénienne pénétrée de gratitude, et quelle reconnaissance ne te devrons-nous pas!

— Aucune, noble Lucia! s'écria la jeune aveugle, la reconnaissance de la terre, vous le savez, ne vaut pas celle du Ciel; c'est au nom de Jésus-Christ que je travaille et c'est de lui seul que j'attends le prix de mes faibles efforts. Ne me remerciez donc pas!

— Je te promets, au contraire, la somme nécessaire pour acheter le soufflet.

— Pourquoi? n'en faites rien; si la Providence m'a donné l'esclavage comme lot, de quoi me plaindrais-je; la sagesse n'est-elle pas de faire, en tout, la volonté de Dieu qui régit toutes choses? Et puis, qui sait si, voulant l'affranchissement, je pourrais l'obtenir. La noble Cornélia, ma maîtresse, à laquelle je suis, cependant, si inutile, ne consentirait sans doute pas à l'achat de ma liberté.

— Elle a donc le cœur bien dur?

— Non, Lucia, ce ne serait pas par dureté de cœur, assurément.

— Et pourquoi donc, alors?

— Ce serait, plutôt, par amitié pour son humble servante.

— Eh! quoi! tu m'étonnes, Julia, la femme d'un préteur de la Cité, s'éprendre d'amitié pour une esclave, et pour une esclave chrétienne, une païenne! cela serait bien extraordinaire!

— Cela vous paraîtra moins étrange, noble Lucia, dit, d'un ton discret, la fille du fossor, lorsque vous saurez que la noble Cornélia est sur le point de devenir, elle-même, chrétienne.

— Dis-tu vrai! n'es-tu pas le jouet de quelque funeste illusion ou la victime inconsciente de quelque piège?

— Non, Lucia, et je viens, aujourd'hui même, ici, pour prier, par son ordre, la diaconesse Aurélia de venir achever son instruction, afin que, bientôt, elle puisse entrer dans le bercail de l'Eglise.

— Et qui donc a commencé cette instruction? demanda la jeune athénienne avec intérêt.

— Gloire soit à Jésus-Christ et à sa Grâce, dit modestement la douce aveugle.

— Viens sans tarder, dit alors Lucia, il faut qu'Aurélia soit immédiatement avertie.

Quelques instants après, la fille d'Hilarius entrait dans le tablinum où la diaconesse était occupée à un ouvrage de riche broderie destiné au souverain pontife Lin.

C'était une femme d'âge respectable dont les cheveux, presque entièrement blancs, ne vieillissaient pas le visage souriant et plein de cette paix juvénile qui est l'apanage des âmes pures.

La diaconesse, en voyant entrer les deux jeunes filles, avait posé sur sa broderie, l'écheveau de soie dont elle tirait des fils brillants pour son pieux travail, et, levant les yeux :

— C'est toi, Julia, dit-elle, avec un sourire affectueux; qui t'amène et quelles nouvelles m'apportes-tu?

— De grandes nouvelles, dit la jeune athénienne joyeusement, Julia a gagné une âme à Jésus-Christ, et la matrone Cornélia, femme d'Ulpianus, le farouche préfet de la Cité, veut s'instruire dans la foi.

— Dis-tu vrai, ma bonne Lucia?

— Oui, s'écria Julia avec transport, sauf sur un point. Ce n'est pas moi, pauvre infirme, qui suis capable de gagner une âme à Jésus-Christ, et si la grâce n'ouvre pas les âmes, qui peut se flatter d'y provoquer, avec succès, l'éclosion de la lumière?

— As-tu songé aux difficultés que peut présenter l'entrée dans la maison du préfet?

— Le prétexte est trouvé, répondit la fille du fossor, vous apporterez quelques-uns de ces travaux délicats destinés à l'église et dont nul ne soupçonnera l'usage sacré. Pour ceux qui pourront s'étonner de vous voir, vous serez une marchande venant offrir des broderies.[1]

— L'idée est excellente, dit Aurélia en souriant, est-ce Cornélia elle-même qui l'a eue?

— Nous l'avons eue toutes deux, dit Julia avec une satisfaction modeste. Quant au prêtre qui vous succèdera, il est tout trouvé, ce sera Dyonisius, le médecin. Cornélia est affligée d'une mauvaise santé, elle souffre d'une maladie de langueur pour laquelle elle a, en vain, consulté tous les médecins de Rome. Il sera très naturel qu'elle consulte un

---

(1) Inutile de rappeler qu'à cette époque, les vêtements sacerdotaux ne se distinguaient des vêtements séculiers que par une scrupuleuse décence et une richesse parfois très grande.

médecin de plus, et, cette fois, elle tombera sur le vrai, car je l'ai assurée que Dyonisius pouvait, en lui donnant la santé de l'âme, lui rendre la santé du corps.

— Plaise à Dieu, Julia, dit la diaconesse, que ta promesse n'ait pas été téméraire. Il n'appartient qu'à Dieu de dispenser la santé.

— Aussi, ai-je dit à Cornélia qu'un cœur pur et des intentions droites étaient, en conformité absolue à la volonté de Dieu, le seul moyen d'accéder à la vérité et d'être comblé de ses grâces. J'espère que, lorsque Cornélia sera chrétienne, elle comprendra que la foi ne saurait marcher de concert avec l'égoïsme et s'il lui faut se résigner à rester souffrante, elle s'y résignera.

— Tu parles bien, dit la diaconesse, et, si notre saint pape t'entendait, il bénirait Dieu d'avoir fait fleurir ces sentiments purs et éclairés, dans ton cœur. Mais, ne perdons pas un temps, peut-être précieux. Je suis prête à te suivre.

En quelques instants, aidée de Lucia, la diaconesse réunit quelques ouvrages d'aiguille, arrangea sa robe et son voile et, en compagnie de Julia, sortit pour porter le nom de Jésus-Christ dans la maison du préteur.

VII

L'EMBUCHE.

César donnait audience dans la salle du trône de sa Maison d'or.

Sur le passage du tigre couronné, la foule des courtisans, à peine maintenue par la garde prétorienne, s'empressait, avide de recueillir un regard du maître ou de baiser sa main aussi vile que sanglante.

A peine si un étroit passage était laissé pour le cortège impérial, qu'un éclat de fanfares, répercutées par tous les échos du palais, annonçait bruyamment.

Bientôt, la garde impériale parut, armée de piques sur lesquelles flottaient des banderolles de pourpre, précédant Domitius Néro qui, se dandinant sur ses jambes grêles, monta sur son trône, regarda l'assemblée, s'assit et se frotta les genoux, pendant qu'autour de lui, prenaient place ses écuyers et les officiers de la maison impériale, les chefs des prétoriens et, parmi eux, le préfet Ulpianus auquel sa toge laticlave n'enlevait pas l'air nauséabond d'un plat et cruel valet du pouvoir.

Claudius Néro déclara que son audience était ouverte, et le défilé rampant des bas solliciteurs commença, fait de tous

ceux qui avaient à demander des faveurs, à présenter des
flatteries serviles rarement payées, ou à essayer, souvent en
vain, de se mettre à l'abri des capricieuses catastrophes qu'un
mot du fou impérial pouvait déchaîner à tout moment sur
les têtes en apparence les plus solides sur leurs épaules.

Attendant son tour, dans la foule, et encouragé par le
regard furtif d'Ulpianus, Vultur, tremblant comme la feuille
au premier vent d'hiver, était plus mort que vif à la seule
pensée de parler à César.

Mais, à mesure que ceux qui le précédaient s'éloignaient,
soit qu'une plaisanterie de Néron lui donnât tantôt plus de
courage ou qu'il prît en lui-même des raisons d'assurance, il
se rassurait peu à peu et il était presque maître de lui lorsque
son tour arriva de se prosterner devant l'Empereur.

— Ah! ah! dit Néron à son préfet, voilà votre coquin
de fils dont vous m'avez parlé; il est bien réussi, par Jupiter!
et il a tout ce qu'il faut, en apparence, pour sauver le Capitole
et l'Empire.

— Oui, César, dit Ulpianus, un seul regard bienveillant
de ta divinité peut en faire un grand homme.

— Eh bien! que te faut-il, dit l'Empereur, s'adressant à
Vultur toujours un genou en terre devant la curule impériale.
Que demandes-tu?

— César, il me faut quelques soldats et, ce soir même, je
t'apporterai des traîtres et du butin dont j'espère que ta
divinité attribuera une part à mon dévouement, selon ta
magnanime habitude.

— Et qu'as-tu découvert de si rare?

— César, des chrétiens conspirent contre ta divinité, et,
parmi eux, des gens qui t'approchent de près et peuvent te
nuire si l'on n'arrête pas leurs bras.

— Bon, tu auras ce que tu demandes; fais vite et propre-
ment. Préfet, vous veillerez à l'exécution de mes ordres. Et
toi, maraud, songe à ne pas m'en conter, car tu réponds

sur ta pauvre tête de tout ce que tu vas entreprendre. Va.

Vultur, à ces mots, se retira moitié humilié, moitié joyeux, en contemplant l'aurore de sa fortune future.

L'audience continua, désespérément monotone, jusqu'à ce que Néron fatigué se leva, secoua ses épaules, frotta ses jambes cagneuses et, dans un nouvel éclat de trompettes, sortit du palais pour aller au Champ de Mars.

. . . .

Le soir même, l'infâme Vultur accompagné de huit soldats qu'il commandait pour la circonstance, se mit en marche vers la partie du Vatican où se trouvait le cimetière de Lucine et où Eubulus et Apellès devaient l'attendre pour le présenter au diacre Reparatus.

— Ça! où allons-nous ainsi, de ce pas, dit un vieux milicien maussade à son compagnon, et qui donc a donné à ce blanc-bec le droit de nous commander? Quelle besogne va-t-il nous faire faire?

— Nous allons faire la chasse aux chrétiens, aux portes de leur terrier, répondit l'autre, sans nul doute.

— Qu'est-ce que cela nous fait! ne peut-on laisser ces gens-là tranquilles, quel mal font-ils donc?

— Ce sont des magiciens.

— C'est leur affaire et non la nôtre. Au fait, qu'est-ce que c'est au juste que ces chrétiens?

— Je vais vous dire cela, dit un autre avec un air prétentieux et une vaine emphase.

— C'est cela, renseigne-nous!

— Les chrétiens sont des gens qui ne croient pas aux dieux de l'Empire. Leur secte a été fondée autrefois en Egypte par le bœuf Isis qui s'enfuit avec eux après avoir mangé sept pharaons, comme Hercule a accompli ses douze travaux. Mais ce bœuf fut changé en âne par Pierre et Paul, qui, à la suite de cela vinrent à Rome et se firent beaucoup de partisans par magie. C'est pour ce crime que, sur la dénonciation de Ponce-

Pilate, Paul a été décapité et Pierre crucifié la tête en bas sur le Janicule. Les chrétiens croient que l'âne s'est vengé ainsi des deux magiciens, c'est pourquoi ils l'adorent en le figurant attaché à une croix.

— Ce sont de pauvres fous! à qui font-ils du mal?

— A personne; au contraire, on dit que leur bonheur est de s'en laisser faire à eux-mêmes, et même de subir la mort, pour leurs idées, moyennant quoi ils vont, après cela, vivre dans les airs comme a essayé de le faire de son vivant Simon-Pierre nommé aussi Icare parce qu'il a voulu s'élever dans le ciel et qu'il s'est laissé tomber sur le pavé du Forum, comme tout le monde a pu le voir, il n'y a pas bien longtemps encore.

En entendant cette lumineuse explication de la Foi chrétienne, tous les soldats éclatèrent de rire, tant ils trouvaient stupides de pareils maniaques, même en cette Rome où l'absurdité n'avait pas de bornes connues.

Cependant, on approchait de l'entrée du cimetière.

— Qu'est-ce que cela? dit un des soldats.

— C'est un des repaires de ces chrétiens, dit celui qui avait déjà parlé, c'est ici qu'ils enterrent leurs morts et se réunissent pour conspirer contre César. Ils s'enfoncent dans la terre, comme des taupes aveugles, et n'en sortent qu'après avoir accompli leurs cérémonies magiques et mangé des enfants nouveau-nés qu'ils immolent dans leurs sacrifices.

— Mais, dit un autre, nous sommes ici sur un terrain de sépulture qui est inviolable et que les lois protègent, nous ne pouvons pas y pénétrer; et, d'ailleurs, voilà une besogne qui ne convient guère à des soldats.

— Paix! dit alors Vultur qui avait écouté tous ces propos; j'ai des ordres de l'Empereur auxquels vous devez tous obéir, et, quand même je vous ordonnerais de descendre avec moi dans ces souterrains, vous devriez le faire sans réplique. Pour le moment, il ne s'agit pas d'autre chose que de se poster ici dans ces massifs et de se saisir de ceux que je vous désignerai.

Vous laisserez passer les premiers afin que le caractère illicite de la réunion soit bien établi et que vous en témoigniez devant le préteur; quant aux autres, nous devons en saisir autant que nous pourrons.

— Bon! dit le soldat bien renseigné, les jeux du cirque ne chômeront pas et les jardins de César auront de quoi s'éclairer demain.

Personne n'entendit un léger froissement de feuillage que le vent avait bien pu produire sans autre intervention.

En réalité, une ombre silencieuse glissait dans un sentier voisin qui conduisait plus secrètement que le sentier commun au prœdium de Lucine.

C'était Julia qui sortait du cimetière où elle était venue pour parler à son père, le fossor Hilarius, qu'elle n'avait pas trouvé à la maison, occupé qu'il était avec Tranquillus et Rusticus à creuser, sans relâche, pour les besoins nouveaux et quotidiens.

En entendant des voix inusitées en ce lieu, elle s'était arrêtée, sûre qu'elle ne pouvait être surprise dans ce sentier inconnu et caché par des broussailles et de véritables quartiers de roche en désordre.

Elle n'avait pas été longtemps à saisir l'ensemble de la scène et à comprendre que des soldats étaient amenés là par quelqu'un pour faire des victimes dans le peuple chrétien.

Les paroles de Vultur achevèrent de la convaincre et de l'éclairer. Toutefois, son esprit avait peine, malgré sa finesse subtile, à se faire une idée exacte de la situation, de ses tenants et de ses aboutissants.

Une seule chose apparaissait clairement à son intelligence, c'est que le cimetière de Lucine était cerné; par combien de soldats? elle l'ignorait, mais il y en avait et cela suffisait pour caractériser une occupation militaire.

La réunion des fidèles était menacée et, certainement, la liste des martyrs allait s'augmenter.

Mais Julia était pratique ; tout de suite, elle songea à déjouer, dans la mesure du possible, les plans de l'ennemi.

Il n'y avait, hélas ! pas de temps à perdre. Mais, comment employer utilement ce temps ?

La première idée qui lui vint fut de redescendre immédiatement dans la catacombe, afin de prévenir son père et ses frères. Tranquillus et Rusticus s'empresseraient de se poster sur la route, afin d'avertir les arrivants du danger.

Mais elle réfléchit bientôt que ce moyen était impraticable. Elle ne pouvait, en effet, rentrer au cimetière par le prœdium sans être vue et peut être saisie, en tout cas reconnue, et l'autre entrée était loin.

Pourtant, il fallait agir sans retard, car la deuxième veille était avancée et, déjà, quand elle avait quitté le fossor, les lampes des galeries étaient allumées pour éclairer les pas des fidèles.

Malheureusement, plusieurs routes différentes aboutissaient à cet endroit du Vatican où se trouvait le prœdium de Lucine, que les fidèles vinssent des quartiers du Champ de Mars, du Vélabre, du quartier Flaminien ou de la ville en général, ou qu'ils arrivâssent de la région du Janicule, du Transtévère ou, encore, de la campagne voisine.

Et cependant, il fallait prendre une résolution. Julia la prit et pensa que le mieux, encore, était d'aller se poster entre le Vatican et le Transtévère, dans l'endroit le plus passant, en un carrefour où aboutissaient presque toutes les rues qui pouvaient mener les chrétiens de Rome au cimetière. Là, elle serait reconnue, certainement, par un bon nombre et interrogée ; alors, elle leur dirait ce qu'elle avait appris et la nouvelle, portée dans toutes les directions par des chrétiens de bonne volonté, préserverait le plus grand nombre possible de fidèles.

D'un pas diligent, elle se mit en marche et, bientôt, fut à son poste.

Comme elle l'avait prévu, de nombreux fidèles arrivaient de divers points de la ville, par petits groupes discrets, sans réserve affectée, comme s'ils eussent regagné leurs demeures comme des citoyens ordinaires.

— Que fais-tu là, Julia? dit une voix douce empreinte d'un léger accent hellénique, qui partit du premier groupe de passants.

C'était Lucia que la jeune aveugle reconnut aussitôt.

Comme l'éclair, une pensée affreuse traversa son cerveau. Elle se souvint de la lettre d'Eubulus à Apellès, lue à haute voix devant elle dans la maison du jeune grec à la via Nomentana. Elle crut comprendre et frémit.

— Eubulus de la maison de César, Vultur délateur aux gages de César, Apellès en cette affaire? songea-t-elle; quel malheur va donc arriver, sans que nous puissions y porter remède?

— Arrêtez, dit-elle, n'allez pas plus loin, écoutez-moi. Le cimetière est cerné et quiconque y entrera ou en sortira par le prœdium de Lucine, sera saisi par les soldats. Entrez-y donc par le puits du fossor qui se trouve plus loin et que, tous, vous connaissez pour en faire usage dans un cas pressant. Mais, voilà, hélas! tout ce que je puis faire; que ceux qui veulent servir leurs frères portent cette nouvelle partout et préviennent les évêques, pendant que j'irai, moi-même, informer de ce qui arrive le fossor Hilarius, mon père, qui travaille avec mes frères dans les galeries.

Et, s'adressant à la jeune grecque.

— O noble Lucia, lui dit-elle, Apellès court un grand danger, car il doit se trouver avec Eubulus à la porte du prœdium, ce soir même; il faut qu'il soit averti tout de suite, afin qu'il évite ce guet-apens.

— Mon frère est en danger! s'écria-t-elle, je vole à son secours!

Et, sans attendre d'autres explications, Lucia partit avec

précipitation dans la direction du cimetière, pensant qu'il valait mieux courir à l'encontre d'un péril commun que d'aller, à l'aventure, à travers Rome, vers le quartier patricien.

La route était déserte, car, selon les instructions de leur chef, les soldats avaient laissé passer les premiers fidèles, mais, voyant que personne ne venait plus, l'impatience commença à s'emparer de Vultur.

— Notre mèche serait-elle éventée? se demanda-t-il en grommelant; ces rusés chrétiens sont capables de tout avec leur magie et leurs sortilèges, et l'ami Eubulus ne paraît pas; aurait-il eu vent de la chose, lui aussi? En tout cas, Apellès sera pris au piège à moins que, lui aussi, ait été prévenu.

Comme il se parlait ainsi, il vit, à la lueur de la lune, une forme blanche se dessiner gracile et légère, sur le chemin, et facilement reconnaissable pour une femme à demi-voilée par un flammeum flottant.

D'un geste, il imposa le silence aux soldats, leur ordonnant tout bas de se dissimuler, pour ne paraître qu'au moment favorable et sur son ordre exprès.

Lucia avançait avec précaution, cherchant des yeux, dans l'espoir de rencontrer son frère en compagnie de l'affranchi.

Ne voyant rien et n'entendant rien, elle prit le parti d'attendre.

Vultur impatient en conclut que le jeune grec et l'échanson de César ne devaient pas être loin, quoiqu'en retard au rendez-vous commun, et il se garda bien de se découvrir.

En ce moment, monta dans le silence du soir un murmure de voix lointaines, comme sortant de terre et psalmodiant des paroles lentement harmonieuses.

Lucia ne s'en étonna pas, car elle savait que, tout près de là, un *luminarium* dissimulé dans les broussailles, servait à donner de l'air aux galeries et à l'église. Se croyant seule, elle vint auprès de l'ouverture et, toujours en attente, elle se prosterna et pria en communion avec ses frères d'en bas.

En ce moment, un léger bruit se fit dans le sentier et deux hommes, enveloppés de leur toge, apparurent, cherchant des yeux autour d'eux avec insistance ; c'était Eubulus et Apellès.

— Enfin, cher Eubulus, me diras-tu le nom de ton néophyte ? dit Apellès en se dirigeant avec son compagnon vers le luminarium.

— Il est en retard, répondit l'affranchi, mais il viendra, car il est sincère. C'est, (tu ne t'en serais pas douté, Apellès,) Vultur, le fils du préfet Ulpianus.

— Vultur ! bonté du Ciel ! s'écria Apellès, nous sommes perdus !

— Mon frère ! s'écria Lucia.

— Lucia ! ma sœur !... Fuyons, Eubulus, nous n'avons pas un instant à perdre !

. . . .

— Il est perdu ! dit une voix railleuse, soldats, à l'ordre ! Conspirateurs contre la sûreté du divin César, suivez-moi, par ordre de l'Empereur !

. . . .

TROISIÈME PARTIE

I

Par ce temps d'aveugles colères et de passions déchaînées, les tribunaux ne chômaient pas.

Chaque jour, du haut de leurs curules, les préteurs jugeaient dans les basiliques et même en plein forum, et le peuple venait en grand nombre, assister à ces jugements comme à un spectacle dont les infortunés chrétiens faisaient les frais sanglants.

Vultur n'avait pas voulu qu'il fût dit que l'arrestation d'Eubulus, d'Apellès et de sa sœur put susciter contre lui l'accusation d'avoir obéi à des motifs bas de vengeance ou de lucre et, chemin faisant, il s'était emparé de plusieurs retardataires qui, n'ayant pas été prévenus à temps, ignoraient le guet-apens.

Il ne s'en était même pas tenu là. Aidé des révélations d'un faible néophyte qui, épouvanté à la seule pensée du martyre, avait supplié avec larmes qu'on lui rendît la liberté, il avait, après avoir déposé ses prisonniers en lieu sûr, accompagné de ses soldats, couru à la voie Salaria au delà des jardins de Salluste, découvert l'entrée du cimetière

Ostrien fondé par Priscilla, mère du sénateur Pudens, et, avec une lâcheté arbitraire et contraire aux lois de l'Empire, arrêté un petit groupe de chrétiens qui en sortaient paisiblement pour regagner leurs demeures et leurs affaires.

L'Eglise n'en était déjà plus à compter ses deuils ni à nombrer ses martyrs dont la liste, chaque jour accrue, peuplait le ciel de saints et laissait à la terre, comme des épis égrenés par la tempête, une semence pleine de vie et de bénédiction.

Toutefois, malgré tout, malgré même la cruauté des lois d'exception qui sévissaient, alors, comme un fléau, sur l'Eglise, les fidèles, accoutumés à plus de forme dans les poursuites dirigées contre eux, furent plus douloureusement consternés que surpris en apprenant que César avait patroné un pareil coup de main.

Quant à Julia, sa douleur n'avait pas de bornes et ses sanglots éclatèrent jusqu'aux pieds de sa maîtresse, la matrone Cornélia.

Cependant, les futurs martyrs étaient en prison et se consolaient mutuellement dans ces casemates infectes dont ni l'air ni la lumière du soleil ne perçaient les murailles épaisses.

Toujours bonne, la Providence avait permis qu'Apellès et Lucia partageassent le même cachot, celui-là même où Pierre et Paul avaient souffert si longtemps dans les chaînes, dans les sombres profondeurs de cette prison Mamertine qui portait encore, empreinte dans le granit de ses murailles, l'effigie de l'Apôtre dont la tête l'avait heurté, sous l'impulsion brutale d'un soldat.

Là, aussi, coulait toujours la source miraculeuse jaillie à la prière de Pierre,[1] quand il lui avait fallu de l'eau pour

______

(1) Cette fontaine, jaillie sous l'invocation de l'Apôtre Pierre, coule toujours, depuis bientôt deux mille ans, dans le même bassin creusé miraculeusement par les

consacrer, par le baptême, la foi nouvelle de ses geôliers convertis à sa voix.

— Pauvre sœur! murmurait Apellès, toi, dont les fautes de ma jeunesse ont causé tous les malheurs, je te verrai donc dévorée par cette Rome impie qui s'abreuve du sang des saints! Nous ne reverrons plus les campagnes joyeuses de la Grèce ni le ciel de cette patrie glorieuse et aimée!

— Ne pleure pas sur moi, cher Apellès, répondit Lucia, rien de ce qui arrive ne me rend triste, car nous contemplerons bientôt un autre ciel et rentrerons dans une autre patrie qui ne nous sera point ravie par la méchanceté des hommes. Nous gagnerons des biens incorruptibles devant lesquels les biens terrestres ne sont rien que fange et poussière. Déjà, j'entends la voix du divin Epoux qui m'appelle pour les éternelles noces. Réjouissons-nous, plutôt, d'avoir été trouvés dignes de prendre place parmi les saints.

— Tendre fleur fauchée au printemps! soupira Apellès.

— Admirons plutôt la bonté de Dieu et rendons-lui grâces, dit Lucia d'un ton joyeux. Sa Providence n'a-t-elle pas conduit merveilleusement notre vie? Restés orphelins, après que des méchants, induisant mon cher frère en erreur, lui eurent fait oublier ses devoirs, jusqu'à provoquer et réaliser en moi l'infortune de l'esclavage, Dieu me conduit à Rome parmi les serviteurs de la noble Pomponia, (notre Lucine) et je deviens chrétienne, par ses soins, et je reçois d'elle la liberté de Jésus-Christ; puis, toi-même, tu pars à ma recherche et tu viens à Rome où, après de nombreuses vicissitudes, tu me retrouves et tu deviens chrétien aussi, converti par la fraternelle et éloquente parole du prêtre

doigts du thaumaturge, en forme de coupe. Les pèlerins qui viennent à Rome, tous les ans, célébrer la fête de S. Pierre et de S. Paul ne manquent pas de la visiter, dans ce qui reste de la prison Mamertine, et y puisent des milliers de verres sans la faire baisser de niveau. Quand on n'y puise pas, le débit de ses eaux ne paraît pas augmenter et son niveau reste constamment le même.

Justus. Enfin, Dieu qui a permis que nous nous retrouvions sur cette terre, permet que nous soyons encore réunis dans la grâce du martyre. Rendons-lui grâces du plus profond de notre cœur. Nous ne serons pas seuls, car on dit que plusieurs prêtres et des évêques ont été saisis en même temps que nous et subiront le même jugement.

Comme ils parlaient ainsi, les geôliers avertirent les prisonniers que l'heure était venue d'aller comparaître devant le tribunal.

Tous, en pleurant de joie, se donnèrent le baiser de paix et se préparèrent à suivre leurs gardiens.

Apellès et Lucia, cette fois encore, ne furent pas séparés. Deux à deux et chargés de fers, les martyrs sortirent de la prison et se rendirent à la basilique, au milieu des injures de la foule, dans laquelle, cependant, on pouvait surprendre d'encourageants regards jetés sur eux par des frères qui murmuraient d'ardentes prières pour ceux qui allaient souffrir au nom de Jésus-Christ.

Déjà, la basilique était envahie par la foule qui regardait les apprêts du jugement en échangeant les plus cruels propos.

Les greffiers ouvrirent à deux battants la balustrade du prétoire pendant que les gardes relevaient les draperies de la tribune, époussetaient les sièges, rangeaient la curule du juge devant la table où reposaient l'encrier, les feuilles de velum et les roseaux taillés en plumes à écrire. D'autres arrangeaient le *secretarium*, inutile d'ailleurs en ces procès où la sentence était arrêtée d'avance.

Selon l'usage, le tribunal occupait l'abside de la basilique. Il dominait un espace circulaire appelé hémicycle, garni de sièges et, derrière lui, se trouvait une sorte de grand cabinet orné de rideaux que l'on fermait lorsque les juges y étaient entrés pour délibérer. C'était l'*œdes* ou *sacrarium*.[1]

(1) D'après Vitruve.

Quoi! s'écria-t-il, suis-je donc à ce point malheureux
de n'avoir plus ni amis ni ennemis! (P. 164.)

Par cette disposition architecturale, aucun des détails des procès n'était perdu pour la foule.

Déjà, l'impatience gagnait les assistants, parmi lesquels s'étaient glissés, comme toujours, un certain nombre de chrétiens venus là pour prier Dieu, en encourageant leurs frères.

Les classes les plus diverses de la société se coudoyaient dans la basilique et la foule roulait toujours dans les couloirs et les escaliers, se pressant à étouffer pour monter aux galeries supérieures et aux balcons, afin de jouir plus aisément du coup d'œil d'ensemble de l'appareil judiciaire.

Enfin, le juge fit son entrée, entouré de ses doryphores, des notaires ou *exceptores*, munis du style et des tablettes pour transcrire les actes de la procédure.

En face d'un autel disposé là pour obliger les chrétiens à sacrifier aux divins Empereurs et aux dieux de l'Empire, s'étendait le parterre des accusés, surélevé au-dessus du pavé et encombré des instruments de torture variés et savamment construits.

Un bruit scandé de pas annonça l'arrivée des chrétiens conduits par les légionnaires armés de piques bien fourbies qui étincelaient au soleil du matin dont les rayons pénétraient par les ouvertures de l'édifice.

Aussitôt, toutes les têtes se tournèrent du côté du triste cortège, parmi les murmures et les clameurs.

— Au cirque! les chrétiens!

— Les chrétiens aux lions!

— Pas de pitié pour ces bandits!

— Vive Auguste!

Car, à l'inverse de nos tribunaux, les prétoires à Rome étaient légalement ouverts au tumulte du peuple qui, en réalité, jugeait bien plus que le juge et, par ses opinions violemment formulées, décidait souvent du sort des accusés, en imposant sa volonté aveugle au préteur.

Les chrétiens s'avancèrent, le visage joyeux, la démarche assurée et empreinte d'une sainte et noble fierté.

Ils savaient qu'ils allaient irrévocablement au martyre et que le jugement qu'ils allaient subir ne leur était appliqué que pour la forme, aucun défenseur, aucun avocat ne pouvant, même pour obéir à la loi, présenter la défense de criminels que leurs forfaits avérés mettaient en dehors des lois même.

Tout avocat qui eut pris à tâche de défendre les chrétiens n'eut pu être qu'un chrétien et se fût, par là même, perdu sans sauver les autres par son dévouement inutile.

Aussi, les martyrs faisaient-ils généralement eux-mêmes l'apologie de leur foi en exposant, sans aucun désir de se défendre, au sens juridique du mot, la pureté de leurs actions et de leur vie.

Au premier rang des accusateurs, se trouvait Vultur qui, désignant du doigt Eubulus, Apellès et Lucia, prit la parole et dit à Ulpianus :

— Préteur, je te prie de commencer par ceux-ci dont le crime est plus grand que celui des autres, car ils ont conspiré directement contre la sûreté du divin César. L'affranchi Eubulus, échanson de l'empereur, avait formé le projet de verser dans la coupe du divin Néron un poison que les chrétiens devaient lui fournir; il est chrétien lui-même, et avait rendez-vous près du temple d'Apollon avec le grec Apellès et sa sœur pour recevoir de leurs mains le philtre fatal.

— Accusés, dit Ulpianus sévèrement, qu'avez-vous à répondre à ce réquisitoire? Eubulus, affranchi de César, est-il vrai que tu sois chrétien?

— Oui, préteur, dit l'échanson et je m'en glorifie, comme Jésus-Christ, notre Maître et Seigneur, me glorifiera de lui avoir rendu témoignage. Mais, il est faux que j'aie eu d'autre désir que de servir fidèlement César, comme la loi des chrétiens nous y oblige.

— Sacrifie aux dieux et à la divinité impériale.

— Jamais, préteur, car, vraiment, en t'obéissant sur ce point, je commettrais un crime.

— Sacrifie, te dis-je, et César t'accordera ta grâce. Que t'ont fait les dieux pour que tu les méprises?

— Ils ne m'ont rien fait, n'étant rien que de vaines effigies faites par les hommes et d'une matière plus ou moins précieuse; voilà pourquoi je me suis retiré d'eux pour aller à Jésus-Christ, qui est le seul Dieu vivant et régnant dans tous les siècles des siècles.

— Songe à la position que tu perds 'et pense à l'infamie dans laquelle tu vas tomber, aux tourments qui t'attendent, à la mort cruelle qui va te frapper.

— A mort! l'assassin! le traître! cria la foule houleuse et sanguinaire!

— Le chevalet!

— Les ceps! les verges!

Ulpianus fit un signe et les bourreaux s'emparèrent d'Eubulus qui, docilement, se laissa étendre sur l'instrument de torture où ses os craquèrent sans qu'il proférât de plainte, tandis que d'autres tortionnaires faisaient rougir des tenailles de fer pour brûler les membres du martyr.

— Et vous, dit le préteur en s'adressant à Apellès et à Lucia, si vous songez à revoir un jour votre patrie, prenez conseil de ce que vous voyez et sacrifiez aux dieux.

— Nous sommes chrétiens! crièrent, d'une seule voix, le frère et la sœur, et nous ne sacrifierons pas.

— Entêtés! dit le préteur avec un sourire de pitié, ce spectacle ne vous suffit-il pas? voulez-vous l'expérimenter par vous-mêmes? Allons, préservez votre jeunesse qui vous promet une longue vie, songez à votre patrie, à vos parents, à votre mère, si vous la possédez encore, sacrifiez à nos dieux qui sont les vôtres, aussi, car ils sont communs à Rome et à la Grèce.

Apellès ouvrait la bouche pour répondre, mais Lucia l'avait prévenu courageusement.

— Préteur, s'écria-t-elle, cesse tes objurgations inutiles. Jésus-Christ est le seul Dieu que nous adorons ; les divinités de la Grèce sont aussi impures que celles de Rome. Nous n'avons pas d'autre père ni d'autre mère que Jésus-Christ ; nous n'avons pas d'autre patrie que le Ciel de Jésus-Christ, et la vie à laquelle nous aspirons, incorruptible et sans fin, c'est Jésus-Christ seul qui peut nous la donner en changeant notre vie périssable en une éternelle jeunesse. Nous sommes innocents de tout crime, purs de tout délit, nous respectons l'empereur et nous aimons tout le monde comme nos frères.

— Votre mort est certaine, dit le préteur, si vous ne sacrifiez pas ; on dit que vous êtes riches, vos biens seront confisqués.

— Nous n'avons pas d'autre bien ni d'autre héritage que Jésus-Christ, dit Apellès, à son tour.

— Aux bêtes, les grecs ! cria la foule.

— Apellès au lion !

— Pauvre jeune fille, dit à son voisin, un marchand de légumes entré là, après son marché, pour « voir juger. »

— Voulez-vous vous taire ! s'écria une jolie romaine des faubourgs qui trépignait d'aise à ce spectacle, est-ce que vous voulez que l'on vous prenne aussi pour un chrétien ou ne savez-vous pas combien on a de plaisir au cirque ! Par Jupiter ! voilà un friand morceau pour le tigre !

Le paysan n'osa répondre, et, en hochant silencieusement la tête, il se retira lentement et avec difficulté, pas assez civilisé, sans doute, pour goûter les douceurs de la justice de César.

— Voyez-vous, ce béotien ! s'écria la petite faubourienne indignée ; vouloir enlever le pain de la bouche au tigre ! et priver le peuple de son plaisir !

Mais, déjà, les tortionnaires s'étaient emparés de leurs victimes, la chaise ardente était préparée pour Lucia, le chevalet pour Apellès, lorsque le préteur, assourdi par les cris du peuple qui voulait qu'on réservât les « grecs » pour les jeux qui devaient avoir lieu dans deux jours, prononça la sentence en vertu de laquelle Apellès et Lucia convaincus du crime de trahison insigne envers la personne auguste du divin Néron, étaient condamnés aux bêtes féroces avec confiscation de tous leurs biens.

En même temps, il ordonnait qu'on les reconduisît en prison.

Pendant ce temps-là, Eubulus expirait sur le chevalet; tour à tour, les autres étaient sommés de sacrifier et, sur leur refus obstiné, soumis à toutes les tortures dont la plume hésite à retracer l'inexprimable et glorieuse horreur.

Les uns, en vertu de leur qualité de citoyens romains, étaient condamnés à avoir la tête tranchée sur les bornes militaires ou sur place, comme cela se faisait souvent alors; les autres, expiraient dans les tourments; quelques-uns étaient condamnés aux durs labeurs des mines ou des constructions, tandis que ceux que le peuple réclamait pour le cirque, étaient réservés pour l'amphithéâtre.

II

LA ROUTE DU TRIOMPHE.

Le peuple de Rome était en joie, car il attendait avec impatience l'ouverture des jeux Néroniens qui se célébraient aux nones de Septembre.

L'impérial histrion, s'était, il est vrai, relâché de son goût pour les représentations du théâtre ou du cirque où on l'avait vu tant de fois, comme acteur ou en habit de cocher, conduisant des chars dans l'arène.

D'autres soucis le tenaient, après les orgies de la Maison d'or et les courses dans les jardins du Vatican à la lueur des chrétiens transformés en torches ardentes.

De toutes parts, de mauvaises nouvelles lui arrivaient des provinces de l'Empire, apportées par des messagers secrets et diligents.

Par un farouche pressentiment dont il ne devait pas voir la réalisation, Néron avait tenté de faire assassiner Servius-Sulpicius Galba, ancien préteur, ancien consul, puis administrateur des provinces d'Afrique et de l'Hispania Tarraconensis.

Un messager venait d'annoncer à l'Empereur que le complot contre Galba avait échoué et Néron était entré dans une violente colère.

D'autre part, on lui apprenait que le général gaulois Vindex, propréteur de la Gaule Celtique, se révoltait ouvertement contre son autorité et fomentait la révolution, dans les légions, contre lui.

Néron avait compris le danger et, sortant, pour un instant, de l'ivresse de ses orgies, il avait envoyé des assassins avec ordre de le débarrasser de cet ennemi menaçant.

Confiant dans l'astuce et la fidélité de ses sicaires, il avait repris espoir et se préparait à faire une hécatombe générale de patriciens et d'officiers; déjà, les listes de proscription étaient dressées sur son ordre.

Le peuple, avide de spectacles, se souciait peu des dangers que courait son idole et les *acta diurna* dissimulaient les nouvelles de l'extérieur, d'ailleurs lentes et incertaines.

. . . .

Un soleil radieux s'était levé sur Rome, donnant, en plein mois de septembre, le spectacle d'une des plus ardentes journées de l'été.

La foule, vêtue d'habits de fête, dès l'aube, parcourait la ville, admirant les préparatifs des réjouissances et rôdant, surtout, aux environs du mont Capitolin, près du cirque où devaient se célébrer les jeux.

Une animation extraordinaire régnait parmi elle, on ne s'entretenait que de la bonne aubaine d'un nombre inusité de chrétiens à donner aux bêtes et de plusieurs fauves superbes arrivés récemment d'Afrique et mis soigneusement à la diète, pour la circonstance.

La joie, aussi, régnait dans ces sombres demeures, jusqu'ici témoins de plus de larmes que de sourires, dans ces prisons atroces où les martyrs attendaient la couronne de la Justice et la palme du triomphe.

La veille de ce jour, à la lueur des lampes, ils avaient partagé ensemble, en de fraternelles agapes, ce festin ironique que la loi romaine accordait aux condamnés, sous le nom de *repas libre*.

Usage heureux qui permettait aux confesseurs de la Foi de s'encourager mutuellement et de recevoir les consolations des prêtres, des diacres et des diaconesses qui venaient librement quoique prudemment, leur apporter les vœux de paix et de triomphe de toute l'Eglise et, ce qui leur était infiniment plus précieux, les espèces consacrées du sacrement auguste, pain des forts, nourriture des épuisés et viatique des mourants.

Maintenant, leur cœur (plutôt que le soleil qui ne pénétrait pas dans ces horribles cachots), leur faisait sentir que l'heure du combat, de la délivrance et du triomphe était proche.

Pas un des glorieux champions de Jésus-Christ ne sentait en lui l'ombre d'une défaillance ; le seul sentiment qui précipitât les battements de leur cœur était celui qui agite les âmes les mieux trempées quand sonne pour elles une heure solennelle et décisive.

Enfin, les lourdes portes résonnèrent sous l'action des soldats qui en écartaient les verrous ; elles s'ouvrirent, et, tous, comprenant que le moment de la lutte suprême était arrivé, se levèrent, les valides, avec empressement, les blessés, avec l'aide de leurs frères plus robustes, tous prêts à suivre les soldats avec une docile et joyeuse fierté.

. . . .

Les jeux étaient commencés. La foule, brillante dans ses vêtements bariolés de couleurs éclatantes, comprenait une grande variété de personnes. Le peuple, il est vrai, en formait la majeure partie, car l'aristocratie romaine commençait à se dégoûter, non des jeux du cirque dont un romain ne pouvait se passer, mais de l'état aigu des affaires publiques dont Néron menait la barque affolée, au milieu d'un écœurant débordement de fange et de sang qui grossissait tous les jours, comme un torrent dévastateur et stupide.

Cependant, l'élément somptueux n'y faisait pas défaut,

car, à Rome comme ailleurs, en ce temps comme aujourd'hui, la richesse et l'aristocratie n'étaient pas nécessairement une seule et même chose, et à Rome plus qu'ailleurs, peut-être, en ce temps-là, la fortune était aux affranchis, aux anciens parasites rusés et aux parvenus de toute sorte, sans compter ceux dont l'immoralité fructueuse constituait la splendeur.

Un immense velum de laine teinte de pourpre avait été tendu, selon l'usage, au-dessus des spectateurs, pour tempérer les ardeurs du soleil dont les rayons, en le traversant, se chargeaient de reflets sanglants.

Des orifices invisibles lançaient sur les spectateurs et sur l'arène, par intermittences, des ondées de parfums, et les fleurs, en guirlandes, couraient, languissantes, le long des frises, ou se balançaient au vent dans l'interstice des colonnades.

Les femmes occupaient les gradins les plus élevés; séparées des hommes, elles ressemblaient, par leurs toilettes éclatantes, à un brillant parterre de fleurs balancées par le vent tiède de l'été. Un murmure incessant de babillage planait sur elles, mêlé d'exclamations et de rires joyeux.

Les places les plus rapprochées de l'arène étaient réservées aux patriciens, aux magistrats, aux sénateurs, aux chevaliers.

De fortes palissades défendaient l'accès de ces gradins aux fantaisies des bêtes, parfois affolées, et ces barrières étaient richement peintes à fresque, de tableaux représentant des divertissements scéniques et des combats de gladiateurs.

Les édiles avaient aussi leur place à part, ainsi que les ordonnateurs chargés de veiller à l'ordre et à la régularité des représentations du cirque.

Dès le début des jeux, un froid s'était répandu dans l'assistance. L'Empereur ne paraissait pas et l'on ne pouvait commencer sans lui. La foule s'impatientait et ne se calma que lorsque l'ordonnateur principal prononça :

— Quirites! les jeux vont commencer, le divin Néron ne viendra pas.

Et les gladiateurs étonnés, avaient passé devant la loge impériale, saluant le pulvinar inoccupé, de la phrase traditionnelle, résumé farouche de l'avilissement d'un peuple sous le caprice sanglant d'un monstre omnipotent!

— *Ave, Cesar, morituri te salutant!*[1]

— Eh! eh! dit un cynique, l'ami Cerise se renferme; mauvais signe! que lui est-il encore arrivé?

— Ou que va-t-il lui arriver, plutôt, répondit un autre; dame fortune pourrait bien lui réserver un coup de sa façon.

— Je tiens de bonne source, dit un troisième, qu'avant longtemps il y aura du nouveau dans Rome.

Cependant, le peuple haletait devant un spectacle passionnant; la dernière lutte de la journée avant l'apparition des bêtes.

Le plus beau gladiateur de Rome, aux prises avec un rétiaire gaulois.

Le gladiateur s'appelait Sporus et il ne comptait plus ses triomphes. Idole du peuple, acclamé des femmes qui sympathisaient à sa force et à sa beauté, il avait défié le retiarius Berbix venu à Rome des froids pays de la Gaule celtique et vainqueur, aussi, dans de nombreux combats.

Sporus n'avait pour toute arme qu'une épée courte et un bouclier rond. Son corps, frotté d'huile, était sans armure.

Berbix, le retiarius, n'avait qu'un filet destiné à envelopper son ennemi et un trident ou lance à trois pointes, pour se défendre contre le glaive; pas d'autre cuirasse qu'une légère tunique; seule, sa tête était protégée par un casque dont il pouvait baisser la visière.

___

(1) « Salut! César, ceux qui vont mourir te saluent! » Il sera donné dans un autre volume des renseignements plus étendus sur les combats de gladiateurs aux premiers siècles de l'Eglise.

D'innombrables paris étaient tenus, pour ou contre l'un ou l'autre, dans les rangs des spectateurs.

C'était chose rare, à Rome, que des gladiateurs anciens dans les combats du Cirque, dont les grands carnages et les nombreuses exhibitions de bêtes empêchaient les combattants de vieillir dans leur métier et réduisaient les provinces à n'avoir, pour leurs amphithéâtres, que le menu fretin délaissé par la ville impériale, que repaissait de ces horreurs la prodigue largesse de César.

Les jeux romains, inhumains, dévoraient les plus célèbres gladiateurs du monde et un si grand nombre de bêtes fauves que, dans les autres villes de l'Empire, les amphithéâtres chômaient souvent d'amusements sanglants, faute d'hommes et de bêtes.

Le monde moderne, grâces à Dieu, ne peut nous donner, nulle part une idée du terrible, imposant et sauvage spectacle, de ces immenses amphithéâtres, étagés en gradins, peuplés d'êtres humains affolés par la passion du sang, se chiffrant par vingtaine de mille spectateurs à la fois,[1] spectateurs insensibles aux fictions tragiques de la scène et qui ne s'enivraient que de la fumée du sang empourprant le sable du cirque.

Se tenant par la main, selon l'usage, les deux gladiateurs avaient fait le tour immense de l'arène, faisant admirer à la foule leurs avantages physiques, pour permettre aux spectateurs de prendre parti pour l'un ou l'autre.

Et, maintenant, ils luttaient dans ce combat de ruse et d'astuce qui consistait pour l'un, à s'efforcer d'envelopper, et

---

(1) C'est sous Jules César que l'on commença à construire des amphithéâtres. Les premiers furent en bois et de dimensions moyennes, mais, bientôt, on en fit d'immenses. Le plus célèbre est l'amphithéâtre de Vespasien ou Colisée, à Rome, qui pouvait contenir quatre-vingt mille personnes. L'arène était tellement immense, qu'on pouvait la transformer en naumachie où, plusieurs fois, on donna des représentations de combats de vaisseaux sur mer.

pour l'autre à esquiver l'enveloppement ou à se dégager du jet menaçant du filet de son ennemi.

Longtemps, la victoire demeura incertaine. Comme un fauve felin, Berbix tournait autour de son adversaire, le bras en arrêt, prêt à saisir le moment opportun pour lancer le filet.; Sporus, l'arme au poing, attendait avec calme le moment de fondre sur le retiarius, et, l'œil fixé sur tous ses mouvements, le jarret prompt à bondir hors d'atteinte du fatal lasso.

Le peuple murmurait de la monotonie de ces passes, lorsque Berbix, profitant d'un instant d'inattention de son adversaire, lança son filet avec une maëstria qui fit haleter toutes les poitrines. En nappe circulaire le filet étala dans l'air ses mailles au large déploiement, il s'abattit, et, un instant de plus, Sporus était enveloppé.

— Attention, Sporus! cria une voix.

Le gladiateur avait vu le coup subtil; d'un bond formidable, avant que le filet se fût abattu, il s'élança sur son adversaire et, à travers les mailles largement coupées au fil du glaive, porta au gaulois un formidable coup que celui-ci ne put éviter à temps. Le filet s'abattit, enveloppant Sporus; mais le gaulois tomba, baignant dans son sang.

— *Non habet!* cria un spectateur, il n'a pas son compte! Courage, Berbix! défends-toi.

Mais le gaulois laissa tomber son trident, impuissant à se défendre et insensible aux efforts du gladiateur romain pour sortir des mailles qui l'enveloppaient.

— *Habet! Habet!* crièrent des milliers de voix. Bravo Sporus!

Le romain s'était dégagé; maintenant, il appuyait son genou sur la poitrine du gaulois en signe de victoire, et, le glaive levé, interrogeait circulairement la foule qui décidait, par un geste de la main, si le vaincu devait être épargné ou achevé.

Le gaulois tourna, en vain, vers les spectateurs, des regards anxieux un instant ranimés; le signe de grâce ne fut point fait et l'épée du romain transperça sa gorge pour l'*ictus gratiosus*.

Pendant qu'il se retirait, aux applaudissements de la foule, les *carnifices* arrivèrent dans l'arène, armés de crochets de fer, pour traîner le corps du gladiateur vaincu au *spoliarium*.

Du sable frais fut répandu, mêlé de poudre de safran, de borax et de cinabre; des ondées de parfums descendirent des frises de l'amphithéâtre sur les spectateurs et de joyeuses fanfares annoncèrent l'entrée prochaine, en scène, des bêtes et des chrétiens, pour la deuxième partie du spectacle.

. . . .

Ils attendaient, à genoux et priant, dans cette obscure et étroite cellule où l'on plaçait les condamnés de l'amphithéâtre, avant le dernier et fatal combat.

Le jour n'y arrivait pas, et une faible lampe éclairait seulement de sa lueur fumeuse et falotte, leurs visages et le loculus funèbre dans lequel ils étaient renfermés.

Subissant, malgré eux, l'influence délétère de ce lieu d'horreur, une pâleur livide et mortelle, encore augmentée par la lueur jaunâtre de la lampe, donnait à leurs physionomies un aspect sépulcral.

Cependant, la noble fierté de la foi les soutenait, et ils ne tremblaient pas, forts de leur innocence et saintement heureux de leur sacrifice.

Par intermittences, comme des échos d'un lointain ouragan, arrivaient en vagues bourdonnantes à leurs oreilles, le bruit des applaudissements de la foule, le ton sanguinaire de ses cris, l'éclat saccadé des fanfares, dominés de temps en temps par le rugissement des fauves impatients, dans le *vivarium,* de la proie attendue.

Parmi eux, un prêtre, condamné aussi, les exhortait à la constance en leur montrant, d'une main, une croix grossièrement faite à la hâte avec des fragments de bois trouvés par terre, tandis que, de l'autre, il indiquait le Ciel.

Les minutes étaient des siècles !

Enfin, la porte s'ouvrit en grinçant sur ses énormes gonds, montrant, dans une échappée de clarté, les lances des légionnaires brillant le long des murs du corridor. Une bouffée de tumulte arriva jusqu'au fond de la sombre cellule.

Tous se levèrent, prêts et dociles.

Par ordre de l'ordonnateur des jeux, les condamnés avaient été divisés en deux groupes. Apellès et Lucia firent partie du premier qui s'avança dans l'arène.

Un grand silence accueillit leur entrée et c'était une vision saisissante que celle de cette immense fourmilière d'êtres humains, dont les cent mille yeux étaient fixés sur la porte des condamnés.

Serrés les uns contre les autres, ils s'avancèrent au milieu de l'arène et, se prosternant sur le sable, confessèrent Jésus-Christ en un seul et vibrant acte de foi.

L'appariteur, après s'être assuré que les *laniatores*, avec leurs longs fouets destinés à exciter les bêtes, étaient à leur poste, derrière la balustrade, s'avança vers la grille des cages dans lesquelles, du vivarium, un treuil venait de hisser deux panthères et un lion.

Avec précaution, il ouvrit la grille, puis, promptement, se retira à reculons, non sans avoir, avant de partir, excité les fauves à sortir.

Le même silence, plus atroce encore que son féroce enthousiasme, enchaînait ce peuple, regardant, tour à tour, le jeu des fauves cherchant leur proie et le groupe des chrétiens serrés les uns contre les autres, comme des oiseaux tremblants dans le nid fragile que va fracasser l'ouragan.

Cependant, les fauves ne se pressaient pas de s'élancer. Comme étonnés de leur liberté, ils avaient fait quelques pas sur le sable, et les deux panthères s'étaient mises à jouer, tandis que le lion les regardait prendre leurs ébats.

Les fouets des *laniatores* sifflèrent, et leur sifflement

interrompit le jeu des fauves. Une panthère se mit en arrêt, flaira le sable, aperçut la proie et, féline, se glissa lentement vers le groupe des chrétiens. Tout à coup, ses jarrets d'acier se détendirent et, d'un bond prodigieux, elle fondit, avec un rugissement terrible, sur la petite troupe des martyrs.

. . . .

Un halètement d'angoisse souleva toutes les poitrines, et les yeux élargis se fixèrent, hypnotisés, sur le drame.

. . . .

III

LE PRIX DU SANG. — LA JUSTICE DE DIEU.

Si Apellès eut levé les yeux vers le pulvinar inoccupé de l'Empereur, il eut pu voir une sombre figure empreinte d'une joie sauvage suivre les jeux avec une impatience avide.

C'était Vultur, le fils du préfet Ulpianus, venu-là pour s'assurer que ses victimes allaient bien réellement mourir, épier les affres de leur agonie et demander, ensuite, à l'Empereur, la récompense de sa féroce lâcheté.

Cependant, quand il apprit que Néron ne viendrait pas, il en ressentit une cruelle déception. Il allait donc manquer l'occasion de vanter son dévouement à Auguste et, qui sait, perdre, du même coup, cette part de la dépouille du martyr qu'il convoitait avec tant d'avidité.

Il espérait, néanmoins, que l'Empereur, par un caprice qui lui était habituel, changerait d'avis et viendrait inopinément assister à la deuxième partie des jeux.

Les luttes des gladiateurs lui semblèrent interminables; le spectacle traînait, au gré de ses désirs. Les fanfares annonçant les entr'actes lui donnaient de rageuses impatiences.

Enfin, un diabolique sourire plissa ses lèvres lorsqu'il vit renouveler le sable de l'arène pour l'entrée des bêtes.

— Enfin! soupira-t-il, par Castor et Pollux! j'arrive au port, un peu de patience et l'or va tinter dans ma bourse. Mais, pourquoi Néron n'est-il pas ici? Mon père, lui-même, n'est pas au cirque et je vois des sénateurs qui s'en vont....

Enfin, les chrétiens étaient entrés. Il les vit se prosterner, pendant que les laniatores excitaient les bêtes.

— Maintenant, pensa-t-il, je suis satisfait, rien au monde ne peut désormais les arracher au trépas! Les malheureux! ils affichent de la joie! Quelle aberration ou quel cynisme de leur part! Ne perdons pas de temps ici et courons à la Maison d'or, les dieux feront peut-être que je rencontrerai Auguste allant à quelqu'un de ses plaisirs.

Et, lui aussi, quitta le cirque.

A peine fut-il dehors, qu'il lui sembla qu'un air inaccoutumé planait sur la ville.

Autour du cirque, rien que le silence des rues désertées par le peuple massé tout entier dans l'amphithéâtre.

Le même silence aux environs du Palatin.

Mais, à mesure qu'il approchait du Forum romanum, il percevait des clameurs, et, bientôt, il vit des soldats, en grand nombre, entourant les curies et les basiliques.

Comme il s'avançait vers la Septa Julia, passa un homme qui courait, essoufflé, vers la Maison d'or.

C'était un affranchi de Néron.

— Qu'y a-t-il? Que se passe-t-il? s'écria Vultur en le saisissant par les plis de son manteau.

— Ce qu'il y a? lui répondit l'affranchi, il y a que la révolution est à Rome! Toute l'Espagne Tarraconnaise s'est soulevée à l'instigation de Galba, la Gaule à la voix de Vindex, et Vindex et Galba tiennent entre leurs mains les destinées du monde qui leur appartient désormais. Les armées ont envahi Rome, elles proclament Néron déchu de l'empire et sont là pour obliger les sénateurs a confirmer la chute d'Auguste.

— Mort à Néron ! criaient les soldats en brandissant leurs armes, vive Galba imperator !

— Les entends-tu ? dit l'affranchi, c'en est fait de l'ami Cerise, il est perdu, il ne lui reste que le choix entre le Tibre et les gémonies !

—C'est ma ruine ! hurla Vultur, je suis maudit des dieux !

— Que dis-tu ?

— J'ai travaillé pour César et j'attends ma récompense. Je n'aurai rien !

— C'est probable ! Auguste a trop à faire de penser à lui-même, en ce moment. Adieu !

Et l'affranchi continua sa route, en courant ; Vultur ne sut s'il fuyait où s'il allait à la Maison d'or porter des nouvelles de ce qui se passait dans la ville.

En effet, Vindex et Galba, sûrs d'abattre le colosse Néro-nien, avaient soulevé les légions et étaient entrés en scène violemment, le premier en offrant la pourpre à Galba, Galba en l'acceptant et en se laissant proclamer Empereur par les légions heureuses de voir écraser le monstre qui opprimait l'Empire tout entier. Les armées de la Gaule et de l'Espagne avaient envahi Rome, en acclamant le César de leur choix et en proférant des cris de mort contre Domitius Néro.

Elles avaient trouvé dans le Sénat un appui d'autant plus sûr, que les sénateurs ne désiraient rien tant que de se débarrasser au plus tôt du monstre qui, tous les jours, décimait leurs rangs et confisquait leurs biens.

La terreur régnait dans la Maison d'or.

Enfermé dans son luxueux palais, l'Empereur ne savait plus à quels dieux se vouer et, caché comme un vil malfai-teur, tremblait comme là feuille secouée par l'orage, s'atten-dant, à tout instant, à voir paraître les assassins chargés par l'usurpateur de l'envoyer rejoindre ses victimes.

IV

ENCORE L'AMPHITHÉÂTRE.

Cependant, le peuple, encore ignorant de ce qui se passait dans Rome, était, tout entier, dans le cirque, à l'attrait puissant des jeux, s'il est permis d'appeler jeux le plaisir cruel et décadent de voir des créatures humaines déchirées par la dent inconsciente des fauves du désert.

On avait bien vu les bancs des sénateurs se dégarnir peu à peu et les « pères conscrits » quitter l'amphithéâtre, à la suite d'on ne savait quel ordre mystérieux.

Mais on était accoutumé aux fantaisies impériales et le temps n'était pas loin où un Empereur réunirait exprès le Sénat pour le faire délibérer sur le meilleur assaisonnement d'un turbot!...

— Est-ce que l'ami Cerise s'ennuie? demanda un cynique à son voisin, et ne peut-il laisser ces bonnes têtes quelques instants tranquilles?

Pourtant, un bruit commençait à circuler de gradins en gradins, et, déjà, la majorité du peuple n'était plus attentive à ce qui se passait dans l'arène.

Devant les fauves qui se faisaient prier pour dévorer leur proie, les laniatores, indécis, jetaient en vain les yeux sur la place des édiles, organisateurs des jeux.

Ils avaient suivi les sénateurs.

Tout à coup, des légionnaires envahirent l'amphithéâtre, en masse et en désordre, criant à la foule la nouvelle de la déchéance de Néron.

Ce fut une traînée de poudre que cette parole criée aux échos du cirque :

— Quirites, Domitius Néro n'est plus Empereur, et la révolution est à Rome !

Aussitôt, le peuple se leva en tumulte et applaudit avec frénésie à la chute de son idole.

Bientôt, comme si la même idée eut frappé, en même temps, tous ces cerveaux, chacun se précipita, oubliant les jeux, pour courir à sa maison qu'il croyait déjà la proie du pillage et de l'émeute.

Les *vomitoria*[1] du cirque ne suffisaient pas à l'écoulement houleux de la foule.

Tout cela s'était passé pendant le court espace de temps qu'avait mis à bouder l'unique panthère, que les fouets sifflants des laniatores avaient obligée à attaquer le groupe en prières des chrétiens prosternés.

Personne, maintenant, ne songeait plus au spectacle, excepté ceux qui en étaient les glorieux acteurs.

Ceux-ci, d'ailleurs, avaient fait le sacrifice de leur vie, et leurs yeux fermés aux choses de la terre, ne voyaient que le Ciel qui allait s'ouvrir sur leurs têtes couronnées par les anges des palmes éternelles du martyre.

Seul, Apellès comprit, du premier coup d'œil, ce qui se passait.

Les fauves, étonnés du tumulte, s'étaient arrêtés, comme stupides et pris de crainte, et, à pas felins, balayant le sable avec leur queue traînante, ils avaient regagné leur cage.

---

(1) Portes de sortie par lesquelles s'écoulait la foule en sortant des cirques et des théâtres romains.

Mais l'une des deux panthères traînait des lambeaux sanglants.

Avec agilité, le jeune athénien courut à leur suite et ferma la lourde porte sur eux.

— Mes frères! s'écria-t-il, alors, debout! Dieu nous délivre! Gloire au Christ!

Stupéfaits, les chrétiens se regardèrent en entendant cet appel; ils se comptèrent.

Une pâleur affreuse avait envahi, soudain, le visage du jeune grec, ses yeux se remplirent de larmes et il joignit les mains en se jetant à genoux pour une douloureuse prière.

Trois d'entre eux avaient baigné l'arène de leur sang et leurs yeux étaient clos par la mort, leurs oreilles fermées à tout appel.

Apellès était sain et sauf, mais Lucia n'était plus! Le tigre avait fait d'elle sa première victime.

— Qu'y a-t-il? Qu'est-il arrivé? se demandaient-ils entre eux? Quelle main nous a sauvés?

Mais, des gradins abandonnés, descendaient ceux de leurs frères dans la Foi, qui s'étaient mêlés aux spectateurs. En peu de mots, ils leur apprirent la subite nouvelle, en glorifiant Dieu d'avoir montré la puissance de son bras sur l'impie.

Alors, pendant que les uns recueillaient les corps des martyrs, que les autres épongeaient leur sang vénérable avec des manipules et des suaires,[1] les plus déterminés couraient délivrer ceux qui attendaient encore dans la funèbre cellule.

Personne ne songeait plus à eux. Le peuple romain changeait de maître, il était tout entier au soleil levant, espérant que sa lumière serait plus sanglante encore que celle du soleil qui se couchait dans le désastre et la honte.

____

(1) Linges qu'on tenait à la main pour essuyer la sueur du visage ou qu'on mettait autour du cou pour le même usage.

Tous reprirent leur manteau et, sans attirer l'attention, sortirent, deux à deux, du terrible théâtre ; les gardes n'étaient plus là, ils avaient couru, comme la foule, au Forum, aux curies et aux basiliques, avides de saluer l'astre nouveau qui se levait sur l'Empire.

Les corps de Lucia et de ses deux compagnons furent roulés dans des draps apportés par de pieux fidèles qui, accompagnés de matrones dévouées, suivaient habituellement les martyrs jusqu'aux lieux des exécutions, pour obtenir, souvent à prix d'or, leurs restes vénérés, les soustraire au Tibre ou aux gémonies et leur donner, dans les cimetières chrétiens, la sépulture qui convient aux athlètes de la Foi et aux soldats de Jésus-Christ.[1]

Avec leurs précieux fardeaux, ils se dirigèrent vers le quartier juif presque désert.

Tous les habitants du Transtévère, en effet, effrayés par les événements qui agitaient la ville de Rome, et, sachant par expérience que les juifs souffraient toujours dans de semblables bouleversements, s'étaient soigneusement renfermés et barricadés chez eux.

Pour le moment, la foule ne songeait pas au quartier juif, elle avait trop à faire autour du Palatin et aux environs du Champ de Mars.

En pénétrant dans ce désert, la petite troupe des chrétiens comprit qu'elle n'avait rien à craindre.

Ils se rassemblèrent donc pour marcher, avec recueillement et respect, en même temps que ceux qui portaient les trois corps relevés dans l'arène.

---

(1) Les chrétiens des premiers siècles de l'Eglise dépensaient des sommes énormes pour cet objet. Les païens le savaient et les rançonnaient en proportion. C'est ainsi que d'innombrables corps de martyrs furent soustraits à la profanation. Non contents de racheter les restes des martyrs, les premiers chrétiens se procuraient encore, par les mêmes moyens, la copie des jugements et des interrogatoires. C'est ainsi que nous possédons des documents historiques certains qui rappellent fidèlement les phases de beaucoup de ces procès.

Nul ne s'opposa, en effet, à leur marche, et ils purent, sans encombre, traverser tout le quartier.

Bientôt, ils arrivèrent à la maison d'Hilarius le fossoyeur.

Le vieillard et ses deux fils travaillaient à des épitaphes, ignorants encore de ce qui se passait au Palatin.

. . . .

— Irez-vous à l'amphithéâtre, père? avait demandé Rusticus, le matin de ce jour qui devait voir couler le sang des enfants de Jésus-Christ.

— Hélas! avait répondu le vieux fossor, n'est-ce pas assez de creuser leurs *loculi* et de les voir, quand je les y couche, les saintes victimes!... Non, je n'irai pas! mes yeux n'ont pas assez de larmes pour de pareilles douleurs et de si affreux sacrifices!

— Eh bien! père, nous n'irons pas, non plus, avait répondu Tranquillus, nous travaillerons, ici, en priant Dieu de donner du courage aux martyrs.

Et, tout en travaillant, ils suivaient, en esprit, les phases de ces jeux dont ils connaissaient si bien le terrible programme.

De l'œil, interrogeant la clepsydre, par moment, ils se disaient :

— En ce moment, les fanfares doivent annoncer l'entrée de Néron et son arrivée au pulvinar impérial.

— Maintenant, les gladiateurs sont aux prises.

— Voici l'heure où, sans doute, la première partie des jeux est achevée; on rafraîchit le sable de l'arène pour les bêtes.

— Prions, mes enfants, avait dit Hilarius en déposant ses outils, à cette heure, assurément, les martyrs confessent Jésus-Christ.

— Pauvre Apellès! dit Rusticus.

— Infortunée Lucia! dit, à son tour, Tranquillus.

— Mes enfants, répondit le vieux fossor, en essuyant une

larme, nous ne devons pas plaindre ceux qui sont appelés
par le Seigneur à l'honneur insigne du martyre. Si l'événement, lui-même, arrache des larmes à nos yeux, la joie doit
épanouir nos cœurs à la pensée de la récompense qui attend
ces généreux athlètes! Pourtant, ajouta-t-il, avec un profond et triste soupir, je me souviens d'avoir, au cimetière
même de Lucine, souhaité la vie temporelle longue et pros-
père à la pauvre Lucia, alors que, par un juste pressentiment, elle me disait que, bientôt, je la coucherais, aussi, dans
un de ces étroits loculi qui sont, en ce monde, la dernière
demeure des Saints!... Que la volonté de Dieu soit faite!
conclut le vieillard avec un nouveau soupir.

. . . .

En ce moment, des coups retentirent à la porte, à la fois
discrets et pressés.

— Qu'est-ce cela? dirent les trois hommes en prêtant
l'oreille à ce bruit inattendu.

— Je vais ouvrir, père, dit Rusticus en quittant l'escabeau sur lequel il était assis.

Un instant après, les martyrs déposaient leur fardeau sur
le sol de la maison parmi les dalles et les stèles funèbres.

— Où est Lucia? cria la voix de Julia qui accourait
derrière la petite troupe.

— Au Ciel! dit Apellès avec une résignation douce, Ma
pauvre Julia, Lucia n'est plus de ce monde fragile; Dieu qui
m'avait rendu ma sœur me l'a reprise; que le nom de Jésus-
Christ soit éternellement béni et glorifié!...

La fille du fossor éclata en sanglots.

— Où est-elle? s'écria-t-elle, qu'avez-vous fait de son
corps vénérable?

— Il est ici! dit Apellès, en la menant, par la main,
auprès du corps de la jeune athénienne que l'on venait de
déposer par terre.

La fille du vieil Hilarius se prosterna et baisa respec-

Apellès s'en allait chercher et trouver le martyre
dans les champs brumeux de la Gaule. (P. 174.)

tueusement le linceul qui renfermait les restes de la jeune martyre.

On se concerta, alors, et, le soir même, on porta ces saintes dépouilles au cimetière du Vatican où de pieuses funérailles leur furent faites, au milieu d'une grande affluence de fidèles, accourus de tous les points de Rome, malgré les troubles qui ensanglantaient les rues et bloquaient des quartiers entiers.

V

La déchéance de Néron était un fait accompli.

Rome, tout entière, maintenant, l'accablait de malédictions et vouait son nom et sa personne à la vengeance des dieux infernaux.

Le vide le plus complet s'était fait autour de la personne vile de l'histrion impérial; officiers, esclaves, courtisans, chacun l'abandonnait pour se tourner du côté de l'astre nouveau qui se levait à l'horizon.

Un seul espoir lui restait : la garde prétorienne.

Bientôt, il put se convaincre que ce dernier espoir lui échappait aussi.

La garde prétorienne l'avait abandonné!

Pâle de terreur, il errait comme un voleur traqué de près, parcourant tour à tour, tous les endroits secrets de son immense palais et de ses vastes jardins et, chassé au moindre bruit, la peur lâche lui montrait, à chaque instant, la route d'une fuite nouvelle.

L'eut-on reconnu, seulement?

Affublé d'un déguisement d'esclave, les traits fatigués, le visage pâle, il n'était plus que le fantôme de lui-même et quelques heures d'angoisse avaient fait de lui une ruine vivante qui allait bientôt s'écrouler pour toujours.

Un instant, il entendit des pas précipités non loin de lui, et des voix qui criaient :

— Arrêtez-le! Le sénat l'a condamné!... il n'est plus Empereur!... mort au tyran!

Pétrifié, sans mouvement, accroupi dans un coin de fourré épais, la minute que ces gens employèrent à passer près de lui, lui parut un siècle.

Enfin, il parvint à gagner une des portes de ses jardins, l'ouvrit et s'enfuit droit devant lui, au hasard, dans les ténèbres, car la nuit avait étendu ses ombres sur la ville de Romulus.

Il descendit au hasard de ses pas incertains, les pentes du Vatican, ne se doutant même pas qu'au-dessous de lui, dans les profondeurs de la terre, des hommes saints et pacifiques ensevelissaient les victimes de sa tyrannie et semaient, dans la prière et les larmes, la graine féconde qui devait donner naissance à un arbre gigantesque, qui verrait tomber autour de lui, en ruines, le trône des Césars et toutes les institutions de Rome.

Errant de cachette en cachette, le moindre bruit le faisait trembler comme la feuille et ses yeux épouvantés croyaient voir, à chaque instant, se dresser devant lui, les assassins chargés par le Sénat ou par Galba de purger de sa présence le monde et l'empire.

Condamné par le Sénat, abandonné par la garde prétorienne, il ne lui restait d'autre parti à prendre que de mourir pour échapper au supplice qui lui était réservé.

Du moins, il eut voulu mourir dans la maison d'un ami!

Mais Néron avait-il encore des amis à cette heure, lui qui était un monstre, alors qu'aux heures de l'infortune les plus vertueux eux-mêmes n'en ont pas!

Il l'espéra un instant.

Non loin de là s'élevait la demeure entourée de jardins d'un de ses affranchis.

D'un pas fébrile, il y courut.

— Reconnais ton Empereur, lui cria-t-il, et tends-moi la main dans l'excès de mon infortune!

Et, comme l'affranchi ne répondait pas.

— Toi aussi, lui dit-il, tu m'abandonnes!

— César, dit l'affranchi d'un ton obséquieux, tu n'es pas en sûreté ici!

— Et où le serais-je, par Pluton! s'écria Néron, la terre, elle-même, n'est-elle pas prête à s'entr'ouvrir sous mes pas! Tue-moi, je t'en supplie, épargne-moi la honte d'être tué par le premier assassin venu à ma rencontre!

— César! s'écria l'affranchi, je n'oserais porter la main sur ta personne auguste! Non, non, je ne tuerai pas Néron!

Devant ce refus, une sombre colère gronda dans l'âme du monstre.

— Quoi! s'écria-t-il, suis-je donc à ce point malheureux de n'avoir plus ni amis ni ennemis!

Et, tirant son épée, il en essaya la pointe contre son sein, et le froid du fer le fit frissonner.

— Allons! dit-il, il le faut!

Voyant qu'il hésitait encore, l'affranchi l'aida et il tomba baignant dans son sang.

Ainsi périt, après un règne de treize ans et huit mois, le monstre dont les crimes ont rendu le nom odieux à la face des siècles et de l'histoire, Domitius Néro qui avait empoisonné le noble Britannicus, fait mourir sa mère Agrippine, assassiné sa première femme Octavie, tué d'un coup de pied sa seconde femme Poppée, fait ouvrir les veines à son précepteur, le grand Sénèque, incendié Rome, persécuté les chrétiens et donné à l'Eglise un nombre immense de martyrs.

VI

LE RENONCEMENT APOSTOLIQUE.

Apellès n'avait pas eu le temps de retirer des caisses de Deodatus l'argent qui lui appartenait et dont le banquier chrétien lui avait si charitablement remis les titres.

Prévoyant la spoliation dont il serait légalement l'objet après sa condamnation qui lui paraissait inévitable, il avait pris une double et sage précaution, confiant dans la Providence pour en favoriser la réussite.

Laissant chez Deodatus les sommes qui lui appartenaient, il avait fait savoir au banquier que, s'il ne les retirait pas, lui vivant, personne n'aurait qualité pour les toucher, que si la mort le frappait seul, Lucia aurait seule le droit de les réclamer, enfin, que, si tous deux disparaissaient du monde, ces sommes reviendraient à l'évêque Lin, pour les besoins de l'Eglise et des pauvres.

Et il avait résolu de porter sur lui sa créance pour en disposer, dans une conjoncture extrême, selon l'inspiration de la Providence.

Cette conjoncture était arrivée, subite comme un coup de foudre lorsque Vultur avait surgi, au nom de César, sur le sentier du prœdium.

Avec présence d'esprit, et d'un bond agile, en entendant le fils du préfet donner à ses soldats l'ordre de les arrêter, Apellès avait franchi les quelques pas qui le séparaient du luminarium et par l'ouverture béante et étroite, il avait précipité dans le cimetière, le petit rouleau de parchemin.

Hilarius travaillait, en ce moment, dans la catacombe à la confection d'un *arcosolium* et ce fut lui qui reçut à ses pieds, le précieux rouleau.

Etonné de cette chute, il crut, d'abord, qu'elle était le fait de la méchanceté de quelque païen, car ces derniers ne manquaient pas, lorsqu'ils passaient près d'une de ces ouvertures de lancer quelques pierres dans le « repaire des taupes. »

Il décrocha la lampe qui l'éclairait et se pencha vers l'objet.

— Un volume!... s'écria-t-il, quel est ce mystère?

Mais, bientôt, il aperçut, en gros caractères, ces mots qui l'éclairèrent, au moins, sur la destination de l'objet :

« *Confié à la garde de Lin.* »

Avec un touchant scrupule, il s'abstint d'en chercher davantage. Il devait remettre cela au souverain Pontife, cela lui suffisait.

Avec empressement et fidélité, il quitta tout pour courir à la maison amie où l'évêque de Rome recevait, en ces jours troublés, une hospitalité aussi sûre que l'horreur des temps le permettait.

Lin reçut le dépôt en admirant la voie providentielle par laquelle il lui était parvenu.

Du reste, le banquier Deodatus qui venait d'être informé du coup de main de Vultur, s'était empressé de faire savoir au Pontife la volonté d'Apellès.

Depuis qu'il était sorti si miraculeusement de l'arène où les bêtes devaient faire de lui un martyr, le jeune athénien ne s'était soucié de réclamer à l'Eglise le dépôt confié par lui à la garde des saints.

Il avait assisté, dans le cimetière du Vatican, aux *déposi-*

tions des martyrs au nombre desquels se trouvait sa sœur bien-aimée et, peu à peu, la douleur terrestre avait fait place, en lui, à une joie céleste.

Son seul chagrin était, maintenant, d'avoir échappé à la dent des féroces exécuteurs de la « justice de César » et de se retrouver encore dans cette vallée de larmes et d'attente lorsque, déjà, Lucia goûtait les pures et éternelles joies du triomphe, dans la Lumière incorruptible du Christ Jésus.

Cependant, seul au monde désormais, il se demandait ce qu'il allait faire de lui-même et quelle voie serait la plus profitable à son salut et à la gloire de Dieu.

Dans cette pensée, il descendit dans le cimetière et vint s'agenouiller devant le loculus récemment fermé dans lequel reposait la douce et chère Lucia.

Et, dans le silence à peine interrompu par les coups sourds de la pioche du vieil Hilarius, les yeux fixés sur la dalle qui fermait le tombeau et sur laquelle Rusticus avait gravé sous le nom de la jeune athénienne les attributs de la virginité et du martyre il fit cette prière :

« O Lucia, douce enfant, toi qui reposes maintenant parmi les saints et dont les yeux, sans doute, sont fixés sur ton frère, intercède pour moi auprès du Seigneur, afin que je sache quelle détermination je dois prendre pour la gloire de Jésus-Christ et l'acquisition du bonheur éternel qui me réunira à toi, dans les cieux. Guide-moi dans une voie droite, afin que je ne perde pas le fruit de l'honneur d'avoir approché de si près le martyre et que je participe, un jour, à ta récompense et à ta couronne incorruptible. »

Telle était l'ardeur de sa prière qu'une sorte d'extase s'empara de lui et qu'il lui sembla que la pierre qui fermait le tombeau devenait transparente comme le cristal le plus pur.

Il vit Lucia, non pas sous les tristes apparences d'un corps sanglant et défiguré par les griffes et les dents des fauves de l'amphithéâtre, mais, radieuse en des vêtements éclatants de blancheur lumineuse. Elle souriait et lui tendait, d'une main, une palme verte brillante comme si elle eut été sertie d'émeraudes tandis que, de l'autre main, elle lui montrait un autel sur lequel le pain et le vin de l'auguste sacrifice attendaient un prêtre, et, comme Apellès priait Dieu que la vision s'affirmât encore davantage, il se vit, lui-même, offrant et consacrant l'hostie divine et une voix intérieure l'invita à ne pas différer davantage de se consacrer entièrement au Seigneur.

Peu à peu, la vision s'effaça et Apellès se réveilla de son extase, baigné de larmes et convaincu que la volonté de Dieu l'appelait dans les rudes et laborieux sentiers de l'apostolat.

Sans perdre un instant, il remonta au jour, et, sorti du prœdium de Lucine se dirigea, d'un pas ferme et décidé, vers une maison de la via Lata où, momentanément, le souverain Pontife Lin, recevait asile.

Le saint évêque reçut le martyr avec une joie toute paternelle.

— C'est toi, mon fils, lui dit-il, auquel le Seigneur Jésus a fait la grâce de souffrir pour lui le jugement des hommes et la prison, et d'affronter dans l'arène la dent des bêtes féroces, je te reconnais et je te bénis. Mais, sans doute, tu viens me réclamer le dépôt que tu m'as confié ; il est juste que je t'en rende compte. Le voici intact et tu peux, maintenant, en disposer à ton gré.

Ayant ainsi parlé, Lin prit dans le coffre qui occupait un coin de l'appartement, le rouleau contenant la créance d'Apellès sur la banque de Deodatus, et le tendit au jeune homme.

Mais, celui-ci ne le prit pas.

Avec une filiale confiance, le jeune grec raconta au vénérable Lin toute l'histoire de sa vie et quand il eut terminé :

— Saint père, lui dit-il, maintenant que j'ai eu l'insigne honneur de combattre pour le Christ et que je suis sorti de l'arène par un réel miracle de la bonté de Dieu qui veille sur l'Eglise, j'ai pensé que ma vie ne m'appartenait plus. Sans la douce martyre, ma sœur, qui repose maintenant au cimetière de Lucine, près de la dépouille illustre du saint et bienheureux Pierre, la Grèce, ma patrie terrestre, ne peut plus avoir d'attraits pour mon cœur, brisé aux portes de ce monde de vanité et de mort. L'Eglise a des pauvres qu'elle soutient, des infirmes qu'elle soulage, des orphelins qu'elle recueille; l'argent est nécessaire pour toutes ces bonnes œuvres; daignez accepter l'humble abandon de cette fortune qui me rattacherait à un monde qui ne peut plus exister pour moi.

— Mon fils, dit Lin, c'est là une grave résolution; songez à la portée du sacrifice et au besoin que vous pourriez avoir de cette fortune, qui est votre bien légitime, pour vous établir et vivre saintement dans l'état du mariage.

Mais Apellès, avec une voix empreinte de la plus douce émotion, expliqua au vénérable pasteur ses doutes, ses hésitations et les consolations qui avaient éclairé son âme dans le cimetière, alors qu'il priait devant la tombe de Lucia.

Et Lin ne put s'empêcher de croire à sa sincérité et d'admirer la sainteté des voies du Seigneur.

— Père, conclut le jeune grec, accordez-moi seulement deux insignes faveurs. Recevez cette fortune que je dépose à vos pieds et versez-là, comme un don anonyme, dans le trésor de l'Eglise; quant à moi, si je n'en suis pas trop indigne, daignez m'ouvrir les portes du sanctuaire et m'admettre à l'insigne honneur de l'apostolat fécond par le sacerdoce chrétien. Je suis prêt à parcourir, pour la Foi, les routes de l'Univers et, comme les Apôtres, je n'ai besoin que de la bonté de Dieu.

Profondément ému, le pontife embrassa le jeune homme avec effusion, le bénit et lui affirma que ce double vœu, digne d'un martyr, serait exaucé.

Plein de joie, Apellès, après avoir reçu la bénédiction du saint Pontife, retourna dans sa maison de la via Nomentana, pour se préparer à l'apostolat, dans le recueillement et le silence.

<h1 style="text-align:center">VII</h1>

LE LENDEMAIN DES SEMAILLES. — CONCLUSION.

Le règne désordonné et honteux de Néron avait compliqué les affaires de l'Empire et une période de calme passager se levait pour l'Eglise, dans l'oubli momentané des chrétiens, par leurs persécuteurs occupés ailleurs.

La fleur des saints avait été fauchée, et, quoique l'histoire ne nous ait pas conservé leurs noms, les annalistes profanes et sacrés nous apprennent, cependant, que, pendant cette courte période, le nombre des martyrs a été très grand.[1]

A quelques jours de ces événements, une double solennité amenait dans le cimetière du Vatican une grande affluence de fidèles. De bonne heure envahies, les galeries et l'église étaient beaucoup trop petites pour les contenir tous.

Une grande joie, en effet, remplissait leur cœur, car, en ce jour, le saint pontife Lin allait recevoir, par le baptême, dans le sein de l'Eglise, un grand nombre de néophytes et consacrer de nouveaux prêtres au Seigneur.

---

(1) Parmi les martyrs de cette époque nous n'avons guère conservé que deux noms, ceux d'Aquila et de Priscille, disciples dévoués de S. Paul.

La semence sanglante germait déjà avec abondance dans la vigne généreuse du Christ.

Hilarius et ses fils étaient à leur poste de travailleurs, heureux d'une perspective de repos bien gagné après le labeur effrayant de tant de dépositions de martyrs.

L'église resplendissait de lumières, une sainte allégresse était peinte sur tous les visages.

Au premier rang des catéchumènes, on remarquait une femme de noble prestance. C'était la femme du préteur, la matrone Cornélia, convertie à la Foi par Julia, la fille du fossor, instruite par la diaconesse Aurélia et admise à la régénération par Dyonisius, prêtre et médecin, qui lui avait promis, au nom de Jésus-Christ, la santé du corps en même temps que celle de l'âme.

La matrone ne pouvait rassasier ses regards extasiés de l'imposant spectacle qu'elle avait sous les yeux.

L'autel de Pierre, recouvert d'une nappe immaculée, était là, dans l'attente des augustes mystères à la célébration desquels il allait servir.

Par devant, était placée la chaire du Prince des Apôtres sur laquelle Lin était assis, vêtu d'une riche casula, la couronne sur la tête et portant, de la main gauche, la houlette du pasteur.

De nombreuses lampes suspendues à la voûte, jetaient des lueurs éclatantes sur une grande table chargée d'objets précieux et de corbeilles contenant des monnaies d'or et d'argent.

Les diacres se tenaient à l'entour, gardiens momentanés de ces trésors que la charité chrétienne allait verser dans le sein des pauvres de Jésus-Christ.

— Mes frères, dit le saint Pontife, nous sommes heureux, en ce jour solennel où la bonté de Dieu nous donne, à la fois, tant de biens : la paix pour son Eglise, de nouvelles brebis pour son troupeau, de nouveaux ministres pour ses autels et son divin apostolat, de le remercier encore de combler nos pauvres d'aumônes abondantes.

» Les richesses que vous voyez sur cette table, sont un don volontaire d'un de nos frères qui, dès aujourd'hui, se voue à la pauvreté pour marcher, d'un cœur léger, dans les chemins de l'Evangile que nul ne peut efficacement prêcher s'il reste attaché aux biens périssables de ce monde.

» Je ne vous nommerai pas ce généreux donateur qui se dépouille en faveur des pauvres de Jésus-Christ de toute la fortune que la Providence lui avait départie ici-bas. Par un sentiment de sage et méritoire modestie il veut rester inconnu à tous.

» Nous prierons pour que Dieu bénisse la générosité de son cœur et le conduise sans faiblesse dans la voie de la sainteté et du salut et nous n'oublierons pas, en même temps, de prier pour tous ceux qui ont aimé l'Eglise et qui ont déjà versé leurs biens dans son sein.

» Que les diacres distribuent ce qui doit être distribué et mettent à part ce qui doit être réservé pour d'autres œuvres saintes. »

Alors, avec Lin, tout le peuple réuni pria. Puis, le défilé des pauvres commença. Chaque diacre reconnaissait ceux de son quartier respectif et lui remettait une aumône proportionnelle à ses besoins.

Pendant ce temp-là, Deodatus le banquier appréciait les objets qui n'étaient pas monnayés et les mettait à part afin d'en négocier la vente pour le meilleur intérêt des pauvres.

Perdus dans un groupe d'hommes recueillis qui, comme lui, allaient recevoir les ordres sacrés, Apellès s'abîmait dans une profonde prière et nul n'eut pu deviner que toute cette fortune appartenait à cet humble qui ne jetait même pas un regard sur les trésors que la main des diacres dispersait dans le sein des pauvres.

Quand la distribution fut terminée, tous chantèrent, en chœur, une hymne aux martyrs, puis, tous les néophytes furent admis au baptême.

Ce fut Dyonisius qui baptisa Cornélia.

A peine la matrone fut-elle sortie de la piscine sacrée qu'un changement miraculeux s'opéra en elle. Toute langueur disparut de ses membres, ses joues se colorèrent et un sang bondissant parcourut ses veines et ses artères.

— Dyonisius, dit-elle, je suis guérie, par la grâce de Jésus-Christ !

— Gloire à Dieu ! répondit le prêtre-médecin, lui seul fait des miracles !

Alors, l'ordination commença.

Avec une angélique ferveur, les nouveaux prêtres reçurent la consécration des mains de Lin et la transmission vénérable des pouvoirs apostoliqnes.

Enfin, sur l'autel de Pierre, son vénérable successeur offrit l'auguste sacrifice en présence de tous ceux qui avaient le droit d'assister aux mystères.

Et quand arriva la fin de ces longues cérémonies, chacun se sépara, en silence, méditant sur la bonté de Dieu qui accordait à son Eglise de si puissantes consolations et marquait d'aussi belles journées la vie si tourmentée de ses premiers fidèles.

Le jour même, Cornélia affranchit la bonne et douce Julia qui ne voulut pas se séparer de sa maîtresse et lui demanda de continuer à la servir avec le plus chrétien dévouement.

Hilarius et ses fils ne se reposèrent pas et continuèrent à travailler avec ardeur à l'ornementation et à l'agrandissement du cimetière.

Ulpianus, rentré dans la vie civile, devint un simple citoyen, cachant sa vie, de peur de porter ombrage au nouveau maître de l'Empire.

Vultur, chassé de la maison de Diomède qui avait eu connaissance de son métier de délateur, emporté par ses vices, méprisé même par son père, au grand chagrin de Cornélia, fut réduit, pour vivre, à faire le pique-assiette dans la maison des affranchis et des parvenus.

Enfin, chargé par Lin d'une mission évangélique, tournant le dos à la Grèce au ciel pur qu'il ne devait plus revoir, Apellès s'en allait chercher et trouver le martyre dans les champs brumeux de la Gaule.

Cependant, illustrant cette période de sacrifices et d'immolation, l'esprit de la persécution, répandu dans tout l'empire, sacrifiait Ursinien et Vital à Ravenne, les frères Gervais et Protais en même temps que la matrone Valérie, leur mère, à Milan, et que la terre de Gaule goûtait, elle-même, au sang chrétien par le martyre de Saturnin, l'apôtre de Tolosa.

TABLE DES MATIÈRES.

TROISIÈME PARTIE.

www.ingramcontent.com/pod-product-compliance
Ingram Content Group UK Ltd.
Pitfield, Milton Keynes, MK11 3LW, UK
UKHW022345090726
13658UKWH00001B/479